Das
Erwachsene
Kind von
NARCISSISTEN
Flicken

*Die Kunst, sich zu befreien, tief zu heilen
und voll und ganz zu leben*

RENATE BRANDT

Das erwachsene Kind von Narzissten heilen

Veröffentlicht von True Pen Publishers

1234 Literarische Gasse

Fictionville, USA 54321

Telefon: (555) 123-4567

E-Mail: info@truepenpublishers.com

Webseite: www.truepenpublishers.com

Cover-Design von: True Pen Publishers Design Team

Gedruckt in den Vereinigten Staaten von Amerika

Letzte Ausgabe: 2024

WIDMUNG

An jedes erwachsene Kind, das sich jemals überschattet, zum Schweigen gebracht oder unwürdig gefühlt hat. Dann ist dieses Buch genau das Richtige für Sie. Mögest du den Mut zur Heilung finden, die Kraft, dein Leben zurückzugewinnen, und die Freude, dein wahres Selbst zu entdecken. Deine Reise ist gültig, dein Schmerz ist real und deine Zukunft ist rosig.

ANERKENNUNG

Dieses Buch war eine Herzensangelegenheit, und es wäre ohne die Unterstützung und Ermutigung vieler unglaublicher Menschen nicht möglich gewesen.

An meine Familie und Freunde, die während dieser Reise meine Anker und Resonanzböden waren. Dein unerschütterlicher Glaube an mich war meine größte Motivation.

An die unzähligen Menschen, die ihre Geschichten mit mir geteilt haben – eure Verletzlichkeit und Widerstandsfähigkeit haben jedes Wort dieses Buches inspiriert. Vielen Dank, dass Sie mir Ihre Erfahrungen anvertrauen.

An die Fachleute und Experten auf dem Gebiet der Psychologie und Selbsthilfe, deren Forschungen und Erkenntnisse diese Arbeit bereichert haben. Ihr Engagement für das Verständnis und die Heilung der menschlichen Psyche ist wirklich bemerkenswert.

An meine Lektoren und mein Verlagsteam für Ihre akribische Liebe zum Detail und Ihr unerschütterliches Engagement, dieses Buch zum Leben zu erwecken. Ihr Fachwissen war von unschätzbarem Wert.

Zum Schluss noch an Sie, den Leser. Danke, dass du diesen mutigen Schritt in Richtung Heilung und Selbstfindung getan hast. Möge dieses Buch eine Quelle der Kraft, Hoffnung und Transformation für Sie sein.

Mit herzlicher Dankbarkeit.

VORWORT

Willkommen bei "Das erwachsene Kind von Narzissten heilen". Wenn du hier bist, liegt das wahrscheinlich daran, dass du die turbulenten Wellen des Aufwachsens mit einem narzisstischen Elternteil erlebt hast. Vielleicht hast du dich dabei ertappt, wie du an deinem Wert gezweifelt hast, mit Schuldgefühlen zu kämpfen hast und darum gekämpft hast, zu definieren, wer du bist, ohne den allgegenwärtigen Schatten von Manipulation und Kritik. Dieses Buch ist für Sie – eine Einladung, sich auf eine tiefgreifende Reise der Heilung und Selbstfindung zu begeben.

Als Kind eines narzisstischen Elternteils hast du unsichtbare Kämpfe erlebt, die viele um dich herum vielleicht nie verstehen werden. Das ständige Bedürfnis nach Bestätigung, die Angst vor Ablehnung und die nörgelnde Stimme eines inneren Kritikers lassen sich auf die komplexe Dynamik deiner Erziehung zurückführen. Es ist eine harte Realität, die oft tiefe, unsichtbare Narben hinterlässt. Aber es ist auch eine Realität, die man überwinden kann.

Auf den folgenden Seiten werden wir uns mit dem komplizierten Geflecht narzisstischer Erziehung und ihren anhaltenden Auswirkungen befassen. Wir erkunden die emotionale Landschaft von Schuld, Scham und Selbstzweifeln, durch die du dich so lange bewegt hast. Du lernst, die toxischen Muster zu erkennen, die dich zurückhalten, Grenzen zu setzen, die dein Wohlbefinden schützen, und die Kraft zu finden, ohne Schuldgefühle "Nein" zu sagen.

In diesem Buch geht es nicht nur darum, die Vergangenheit zu verstehen; Es geht darum, deine Zukunft zurückzuerobern. Du wirst entdecken, wie du dich emotional nähren, gesündere Beziehungen aufbauen und deinen Leidenschaften nachgehen kannst, ohne nach externer Bestätigung zu suchen. Wir führen Sie durch die täglichen Praktiken für emotionale Gesundheit und helfen Ihnen, sich mit unterstützenden Gemeinschaften zu verbinden, die Sie aufrichten und inspirieren.

Die Heilung von den Wunden einer narzisstischen Erziehung ist keine lineare Reise. Es wird Rückschläge und Momente des Zweifels geben, aber jeder Schritt nach vorne ist ein Sieg. Dieses Buch soll Sie durch diese Höhen und Tiefen begleiten und Ihnen Einblicke, Werkzeuge und Ermutigung bieten, die Ihnen helfen, stark und widerstandsfähig zu bleiben.

"Das erwachsene Kind von Narzissten heilen" ist nicht nur ein Leitfaden; Es ist ein Rettungsanker. Es ist ein Beweis für deinen Mut und deine Widerstandsfähigkeit und ein Wegweiser in eine Zukunft, in der du authentisch leben, dein wahres Selbst umarmen und Frieden finden kannst. Deine Geschichte ist wichtig, und deine Heilung ist möglich. Lassen Sie uns gemeinsam auf diese Reise gehen.

INHALTSVERZEICHNIS

EINLEITUNG

Sie sind nicht allein auf dieser

Reise

Warum dieses Buch für Sie ist

Wenn du dies liest, hast du wahrscheinlich viel Zeit damit verbracht, das Gefühl zu haben, dass etwas an deiner Erziehung nicht ganz richtig war. Vielleicht hast du mit Gefühlen der Unzulänglichkeit, Schuld oder Selbstzweifel zu kämpfen, die einfach nicht verschwinden wollen. Vielleicht fühlen sich Beziehungen – ob mit Familie, Freunden oder romantischen Partnern – wie ein Minenfeld an, voller unsichtbarer Auslöser und unausgesprochener

Erwartungen. Oder vielleicht hast du einen Punkt erreicht, an dem du es einfach leid bist, das emotionale Gepäck mit dir herumzuschleppen, das dir überall hin zu folgen scheint.

Was auch immer dich hierher gebracht hat, lass mich damit beginnen, Folgendes zu sagen: **Du bist nicht allein, und dein Schmerz ist berechtigt.**

Mit einem narzisstischen Elternteil aufzuwachsen, ist nichts, worüber die meisten Menschen offen sprechen. Es ist eine stille Wunde, die oft hinter einer Maske von "Ich bin gut geworden" oder "So schlimm war es nicht" versteckt ist. Aber tief im Inneren kennst du die Wahrheit. Du weißt, wie es ist, sich ungesehen, ungehört und unwürdig zu fühlen. Du weißt, wie es ist, auf Zehenspitzen um die Stimmungen von jemandem herumzuschleichen, deine Gefühle zu hinterfragen und dich zu fragen, ob du das Problem bist.

Lassen Sie es mich klar sagen: **Sie sind nicht das Problem.**

Das Problem liegt in der Dynamik, in der du aufgewachsen bist – dem ständigen Bedürfnis, das Ego eines anderen zu bedienen, den sich verschiebenden Zielpfosten der Anerkennung und der emotionalen Vernachlässigung oder Manipulation, die dich dazu brachte, deinen Wert in Frage zu stellen. Diese

Erfahrungen waren nicht deine Schuld, und sie definieren dich nicht.

Dieses Buch ist für Sie, wenn:

- Du hast jemals das Gefühl gehabt, egal was du tust, es ist nie gut genug.

- Du kämpfst mit Grenzen, weil es sich wie ein Verrat anfühlt, "Nein" zu sagen.

- Du fühlst dich zu Beziehungen hingezogen, die das Chaos oder die Kontrolle deiner Kindheit nachahmen.

- Du trägst ein tiefes Gefühl von Schuld oder Scham in dir, das du nicht ganz erklären kannst.

- Du willst heilen, bist dir aber nicht sicher, wo du anfangen sollst.

Heilung ist möglich. Es ist nicht einfach, und es wird nicht über Nacht passieren, aber es lohnt sich. Du verdienst es, ein Leben frei von den Schatten deiner Vergangenheit zu führen, und dieses Buch ist hier, um dich auf dieser Reise zu begleiten.

Was Sie hier finden

Klarheit für das Chaos

Einer der schwierigsten Teile des Aufwachsens mit einem narzisstischen Elternteil ist es, einen Sinn für das Geschehene zu finden. Narzisstischer Missbrauch ist oft subtil und heimtückisch – es ist nicht immer das unverblümte Schreien oder die Vernachlässigung, die man in Filmen sieht. Es sind die beiläufigen Kommentare, die dich an dir selbst zweifeln lassen, die unausgesprochenen Regeln, die dich auf Eierschalen laufen lassen, das ständige Gefühl, dass deine Bedürfnisse nicht so wichtig sind wie ihre.

Dieses Buch wird Ihnen helfen, diese Dynamik zu verstehen. Du erfährst mehr über die Eigenschaften narzisstischer Eltern, wie sich ihr Verhalten auf Kinder auswirkt und warum es nicht deine Schuld ist. Wir werden komplexe psychologische Konzepte in einfache Sprache aufschlüsseln, damit Sie den Gefühlen und Mustern, mit denen Sie zu kämpfen haben, endlich einen Namen geben können.

Ein Toolkit zur Heilung

Verstehen ist der erste Schritt, aber Heilung erfordert Handeln. Deshalb ist dieses Buch vollgepackt mit praktischen Werkzeugen, die Ihnen helfen, voranzukommen. Sie lernen, wie Sie:

- Erkenne und hinterfrage die negativen Glaubenssätze, die du verinnerlicht hast.

- Setze gesunde Grenzen, die deinen Frieden schützen.

- Verbinde dich wieder mit deinem authentischen Selbst – dem "Du", das vor dem Schmerz existierte.

- Bauen Sie gesündere Beziehungen auf, die auf Vertrauen und gegenseitigem Respekt basieren.

- Entwickle Selbstmitgefühl und nimm die Idee an, dass du genug bist.

Jedes Kapitel enthält Reflexionsübungen, die dir helfen, das Gelernte zu verarbeiten und in deinem Leben anzuwenden. Egal, ob es sich um Journaling-Aufforderungen, Gedankenexperimente oder einfache Handlungsschritte handelt, diese Übungen sind so konzipiert, dass sie Sie dort abholen, wo Sie sind, und Sie näher an das bringen, was Sie sein möchten.

Heilung kann sich einsam anfühlen, aber du bist nicht der Einzige, der diesen Weg geht. Im Laufe des Buches findest du Geschichten aus dem wirklichen Leben von Menschen, die ähnliche Kämpfe durchgemacht haben und auf der anderen Seite gestärkt daraus hervorgegangen sind. Diese Geschichten sind nicht nur hier, um dich zu inspirieren – sie sind hier, um dich daran zu erinnern, dass Fortschritt möglich ist, egal wie festgefahren du dich gerade fühlst.

In diesem Buch geht es nicht darum, deinen Eltern die Schuld zu geben oder in der Vergangenheit zu verweilen. Es geht darum, zu verstehen, was passiert ist, damit du dich aus seinem Griff befreien kannst. Egal, ob du noch mit deinen Eltern in Kontakt bist, keinen Kontakt mehr hast oder irgendwo dazwischen liegst, dieses Buch respektiert deine Entscheidungen. Es gibt keinen richtigen oder falschen Weg, um diese Beziehungen zu navigieren – nur das, was sich für dich richtig anfühlt.

So verwenden Sie dieses Buch

Heilung ist eine zutiefst persönliche Reise, und es gibt keinen einheitlichen Ansatz. Deshalb ist dieses Buch so aufgebaut, dass Sie sich in Ihrem eigenen Tempo bewegen können.

Gehen Sie es Schritt für Schritt an

Die Kapitel sind in drei Teile gegliedert:

1. **Die Vergangenheit entwirren:** Verstehen, wie deine Erziehung dich geprägt hat.

2. **Befreien Sie sich von alten Mustern: Erlernen** Sie praktische Strategien, um Ihre Macht zurückzugewinnen und Ihr Selbstwertgefühl wieder aufzubauen.

3. **Ein Leben schaffen, das du liebst:** Eine Zukunft aufbauen, die nicht von deiner Vergangenheit definiert wird.

Jedes Kapitel baut auf dem letzten auf, aber zögere nicht, es zu überspringen, wenn dir etwas dringender zusagt. Dies ist Ihre Reise – nehmen Sie sie in der Reihenfolge, die für Sie sinnvoll ist.

Beschäftigen Sie sich mit den Übungen

Am Ende jedes Kapitels findest du reflektierende Übungen, die dein Verständnis vertiefen und dir helfen, umsetzbare Schritte zur Heilung zu unternehmen. Dies sind nicht nur "Hausaufgaben" – es sind Möglichkeiten, sich mit sich selbst zu verbinden und Ihre Erfahrungen auf sichere und sinnvolle Weise zu verarbeiten.

Sie können z. B. Eingabeaufforderungen wie die folgenden finden:

- "Schreibe über eine Zeit, in der du dich von deinen Eltern abgelehnt gefühlt hast. Wie wirkt sich diese Erfahrung noch heute auf Sie aus?"

- "Listen Sie drei Dinge auf, wie Sie diese Woche nett zu sich selbst waren. Wenn nicht, was ist eine kleine Geste der Güte, die du jetzt für dich selbst tun kannst?"

Diese Übungen sind Werkzeuge, die Ihnen helfen, Erkenntnisse in Maßnahmen umzusetzen. Je mehr Sie sich mit ihnen beschäftigen, desto mehr Fortschritte werden Sie sehen.

Die persönlichen Geschichten in diesem Buch sollen Sie daran erinnern, dass Sie nicht allein sind. Wenn Sie sich jemals überwältigt oder festgefahren fühlen, lassen Sie diese Geschichten eine Quelle der Hoffnung und Verbundenheit sein. Sie sind der Beweis dafür, dass Heilung möglich ist, auch wenn sie unerreichbar scheint.

Einige Teile dieses Buches könnten Sie herausfordern. Das ist okay. Das Wachstum fühlt sich anfangs oft unangenehm an, vor allem, wenn man tiefe Wunden auspackt. Geben Sie sich selbst die Erlaubnis, Pausen einzulegen, Abschnitte erneut zu besuchen oder sich mit Ihren Emotionen hinzusetzen, wenn sie hochkommen. Dies ist eine Reise, kein Rennen.

Wenn Sie die Seite umblättern, möchte ich, dass Sie sich einen Moment Zeit nehmen, um den Mut zu würdigen, den es brauchte, um dieses Buch in die Hand zu nehmen. Hilfe zu suchen, Fragen zu stellen und deinen Schmerz zu erforschen, sind Akte des Mutes. Du bist hier, weil du etwas Besseres für dich selbst willst, und dieser Wunsch ist der erste Schritt zur Heilung.

Der Weg, der vor uns liegt, wird nicht immer einfach sein, aber er wird sich lohnen. Und Sie müssen es nicht alleine gehen. Dieses Buch ist dein Begleiter, dein Führer und deine Erinnerung daran, dass du zu Wachstum, Liebe und Freude fähig bist.

DIE VERGANGENHEIT ENTWIRREN

*Warum du dich so fühlst, wie du dich fühlst —
und wie du anfängst, dich weiterzubewegen*

Kapitel 1

Was das Aufwachsen mit einem Narzissten mit dir macht

"Du bist nie genug, aber ich bin alles."

Dieser Satz mag übertrieben klingen, aber wenn du mit einem narzisstischen Elternteil aufgewachsen bist, hast du wahrscheinlich etwas Ähnliches gehört, entweder in Worten oder durch seine Taten. Das ständige Bedürfnis nach Bestätigung, die endlose Manipulation und das beunruhigende Gefühl, dass nichts, was du getan hast, jemals ganz mithalten kann – es prägt die Art und Weise, wie du dich selbst und die Welt um dich herum siehst. Es kann sich anfühlen, als wären Sie in einer Welt aufgewachsen, in der Ihre Bedürfnisse keine Rolle spielten und in der die emotionale Landschaft von Instabilität, Verwirrung und endlosen Selbstzweifeln geprägt war.

Wenn irgendetwas davon bei dir Anklang findet, bist du nicht allein.

Mit einem narzisstischen Elternteil aufzuwachsen ist eine einzigartige Art von Schmerz. Vielleicht hast du deine Kindheit damit verbracht, auf Eierschalen zu laufen, zu versuchen, unmögliche Standards zu erfüllen, und dich nach der Art von Liebe und Aufmerksamkeit zu sehnen, die immer unerreichbar zu sein schien. In einem Haushalt wie diesem fühlt sich Liebe oft bedingt an — basierend darauf, was du für sie tun kannst, wie gut du abschneidest oder wie sehr du ihr Ego stärken kannst. Und wenn Sie unweigerlich zu kurz kommen, wie es bei Kindern oft der Fall ist, können die emotionalen Folgen verheerend sein.

Der Zweck dieses Kapitels ist einfach: Ihnen Klarheit zu verschaffen. Wir werden die tiefgreifenden psychologischen Auswirkungen eines narzisstischen Elternteils beleuchten. Wir werden untersuchen, wie sich diese Erziehung auf Ihr emotionales und psychologisches Wohlbefinden auswirkt, und vor allem werden wir Ihre Erfahrungen validieren. Es ist an der Zeit, aufzuhören, sich zu fragen, ob dein Schmerz real ist oder ob du dir die Dinge irgendwie einbildest. Wenn du mit einem narzisstischen Elternteil aufgewachsen bist, hast du unsichtbare Wunden mit dir herumgetragen, und es ist in Ordnung, sie anzuerkennen. Deine Gefühle sind echt. Deine Kämpfe sind berechtigt. Und Sie sind nicht der Einzige, der diese Last trägt.

Ich weiß, dass es überwältigend sein kann, zu erkennen, wie viel von deinen aktuellen emotionalen Kämpfen auf deine Erziehung zurückzuführen ist. Vielleicht hast du schon so lange mit deinem Selbstwertgefühl zu kämpfen, wie du dich erinnern kannst. Oder vielleicht haben sich Beziehungen schon immer herausfordernd angefühlt, und du bist in toxischen Mustern gefangen, die dich ausgelaugt und verwirrt zurücklassen. Vielleicht haben Sie das Gefühl, dass etwas nicht stimmt, aber Sie sind sich nicht sicher, wo alles angefangen hat. Dieses Kapitel wird dir helfen zu verstehen, dass die Wurzeln deiner Kämpfe tief reichen. Aber zu wissen, woher der Schmerz kam, ist der erste Schritt zur Heilung.

Beginnen wir damit, zu verstehen, was Narzissmus wirklich bedeutet, denn er ist mehr als nur egoistisch oder egoistisch zu sein. Narzissmus im klinischen Sinne bezieht sich auf eine Persönlichkeitsstörung, bei der eine Person ein übersteigertes Gefühl der Selbstwichtigkeit, einen Mangel an Empathie und ein ständiges Bedürfnis nach Bewunderung und Bestätigung hat. Im Falle narzisstischer Eltern manifestieren sich diese

Eigenschaften oft als emotionale Vernachlässigung, Manipulation und Kontrolle. Anstatt fürsorgliche, bedingungslose Liebe zu geben, benutzt ein narzisstischer Elternteil sein Kind, um seine eigenen emotionalen Bedürfnisse zu erfüllen, oft ohne Rücksicht auf das Wohlergehen des Kindes. Ihre Liebe ist an Bedingungen geknüpft und wird nur gegeben, wenn sich das Kind so verhält, dass es ein gutes Licht auf die Eltern wirft oder ihr Ego stärkt.

Vielleicht warst du das Objekt ihrer Manipulation – gezwungen, dich um ihre emotionalen Bedürfnisse zu kümmern, während deine eigenen ignoriert wurden. Vielleicht hast du dich in der unmöglichen Lage befunden, deine Eltern erziehen zu müssen, ein Rollentausch, der dir die Kindheit geraubt hat, die du verdient hast. Vielleicht hast du dich wie ein Bauer in ihrem emotionalen Schachspiel gefühlt, bei dem dein Wert ständig davon abhing, wie gut du ihr Image widerspiegelt oder ihre Bedürfnisse erfüllst.

In diesem Kapitel geht es nicht darum, deinen Eltern die Schuld zu geben oder sie als Bösewicht darzustellen. Es geht darum, zu verstehen, wie ihre Verhaltensweisen deine emotionale Landschaft geprägt haben und wie du beginnen kannst, dich von den lang anhaltenden Auswirkungen dieser Erziehung zu erholen. Narzisstische Eltern können schwer zu verstehen sein, weil sie auch charmant, talentiert und sogar auf ihre eigene Weise liebevoll sein können – zu ihren Bedingungen. Aber diejenigen, die in ihrem Schatten aufgewachsen sind, wissen, dass ihre Liebe an Bedingungen geknüpft ist, und sie fühlt sich oft eher wie ein Schnäppchen als wie ein Geschenk an.

Es gibt einige Schlüsselthemen, die wir in diesem Kapitel untersuchen werden:

1. **Das Verhalten narzisstischer Eltern:** Wir werfen einen genauen Blick darauf, wie Narzissmus in der Elternschaft aussieht. Wie verhält sich ein narzisstischer Elternteil? Was sind die subtilen (und nicht so subtilen) Methoden, mit denen sie ihre Kinder manipulieren, kontrollieren und emotional vernachlässigen? Diese Verhaltensweisen hinterlassen oft Narben, die ein Leben lang halten, und sie zu verstehen, ist der erste Schritt zur Heilung.

2. **Die emotionalen und psychologischen Wunden:** Wir werden über den emotionalen Tribut sprechen, den das Aufwachsen mit einem narzisstischen Elternteil von dir fordert. Von chronischen Schuld- und Schamgefühlen bis hin zu geringem Selbstwertgefühl und Schwierigkeiten, anderen zu vertrauen, sind die Narben tief. Diese emotionalen Wunden sind nicht

deine Schuld, aber sie haben die Art und Weise geprägt, wie du dich selbst und die Welt siehst. Wir werden untersuchen, wie sich diese Wunden in Ihrem Erwachsenenleben manifestieren und warum sie so schwer zu heilen sind.

3. **Die Mythen über narzisstische Familien:** Es gibt viele Missverständnisse darüber, was es bedeutet, mit einem narzisstischen Elternteil aufzuwachsen. Die Leute denken vielleicht, dass narzisstische Eltern immer offen missbräuchlich sind oder dass ihre Kinder einfach "darüber hinwegkommen" müssen. Aber die Wahrheit ist, dass narzisstische Erziehung heimtückisch sein kann – versteckt hinter der Fassade von Liebe, Erfolg oder Normalität. Vielleicht wurde dir gesagt, dass deine Erfahrungen nicht so schlimm waren wie die anderer oder dass du dankbar sein solltest für das, was du hattest. Dieses Kapitel wird diese Mythen entlarven und dir helfen zu verstehen, dass dein Schmerz real ist, egal wie er von außen aussieht.

Dieses Kapitel ist erst der Anfang. Während des Lesens ermutige ich Sie, über Ihre eigenen Erfahrungen nachzudenken. Das Ziel hier ist es, einen Einblick zu gewinnen, wie Ihre Erziehung Ihre Gefühlswelt geprägt hat, damit Sie beginnen können, die Muster zu verstehen, die Sie bis ins Erwachsenenalter verfolgt haben. Deine Geschichte ist einzigartig, aber ich verspreche dir: Wenn du mit einem narzisstischen Elternteil aufgewachsen bist, bist du nicht allein. Und gemeinsam werden wir beginnen, die Wunden zu heilen, die euch viel zu lange zurückgehalten haben.

Im nächsten Kapitel tauchen wir tiefer in die Emotionen ein, die mit dem Aufwachsen in einem narzisstischen Haushalt einhergehen – Gefühle von Schuld, Scham und Verwirrung – und beginnen mit dem Lernen, wie man damit umgeht und sich von ihnen heilt. Aber für den Moment solltest du tief durchatmen und dir erlauben, anzuerkennen, was du durchgemacht hast. Du hast bereits den wichtigsten Schritt auf deiner Heilungsreise getan – zu erkennen, dass deine Erfahrungen wichtig sind und dass du es verdienst zu heilen.

Das narzisstische Eltern-Playbook

Der Kern narzisstischer Erziehung ist das überwältigende Bedürfnis nach Kontrolle. Ein narzisstischer Elternteil betrachtet die Welt durch eine Linse, die sich um seine eigenen Bedürfnisse, Wünsche und Unsicherheiten dreht. Das mag so aussehen, als würde man darauf bestehen, dass alles seinen Weg gehen muss – sei es die Organisation des Hauses, die Art und Weise, wie sich Familienereignisse entwickeln oder sogar wie man sich verhält. Vielleicht bist du damit aufgewachsen, auf Eierschalen zu laufen und deine Handlungen, Stimmungen und Entscheidungen ständig anzupassen, um den Ärger oder die Enttäuschung deiner Eltern nicht auszulösen.

Beispiel: Vielleicht erinnerst du dich an einen Vorfall, bei dem du Zeit mit Freunden verbringen wolltest, aber dein narzisstischer Elternteil verärgert war, weil er das Gefühl hatte, dass du ihn "im Stich lässt". Sie haben vielleicht etwas gesagt wie: "Ich schätze, ich bin nicht so wichtig wie deine Freunde" oder "Du kümmerst dich nie um mich". Diese Kommentare drehten sich nicht um Sie; Es ging um das Bedürfnis deiner Eltern, deine Handlungen, deine Zeit und letztendlich dein Selbstwertgefühl zu kontrollieren.

Dieses Bedürfnis nach Kontrolle geht oft über die großen Momente hinaus. Sie kann sich auf kleinere, alltägliche Weise zeigen: Sie entscheiden, was du trägst, diktieren, wie du über bestimmte Dinge denken sollst, oder ihre eigene Meinung als Tatsachen darstellen. Der narzisstische Elternteil will nicht nur das Sagen haben –

er will alles in deinem Leben definieren, um sich sicher und wichtig zu fühlen.

Manipulation und emotionale Kontrolle

Narzisstische Eltern nutzen Manipulation oft, um die Kontrolle zu behalten. Sie zeichnen sich dadurch aus, dass du dich schuldig oder verantwortlich für ihre Emotionen fühlst, was dich in einen ständigen Zustand von Selbstzweifeln und Schuldgefühlen versetzt. Sie könnten deine Gefühle manipulieren, um ein Gefühl der Verpflichtung zu erzeugen oder deine Bedürfnisse zum Schweigen zu bringen.

Beispiel: Stell dir ein Szenario vor, in dem dein narzisstischer Elternteil, wenn er mit seinem Verhalten konfrontiert wird, etwas sagt wie: "Nach allem, was ich für dich getan habe, hast du es mir so vergolten?" Diese Taktik soll dazu führen, dass du dich schuldig fühlst, wenn du Unzufriedenheit oder Unbehagen zum Ausdruck bringst. Anstatt das eigentliche Problem anzugehen, dreht der Narzisst das Drehbuch um und legt die emotionale Last direkt auf deine Schultern.

Sie könnten "Liebe" auch als Verhandlungsmasse verwenden. Ein narzisstischer Elternteil kann dich mit Lob überschütten, wenn du tust, was er will, nur um diese Zuneigung zurückzuziehen, wenn du seine Erwartungen nicht erfüllst. Dies schafft eine unvorhersehbare emotionale Landschaft, die Sie in dem Kreislauf der Suche nach ihrer Anerkennung gefangen hält. Die Liebe, die sie geben, kann sich bedingt und widersprüchlich anfühlen, so dass du unsicher bist, wo du emotional stehst.

Beispiel: Eines Tages lobt dich dein narzisstischer Elternteil vielleicht für eine Leistung und sagt: "Ich bin so stolz auf dich – das ist genau das, was ich erwartet habe." Aber am nächsten Tag konnten sie kalt werden und sagen: "Warum habt ihr es nicht besser gemacht? Das ist nicht gut genug." Dieses emotionale Schleudertrauma lässt dich ständig auf der Jagd nach Anerkennung sein, unsicher sein, was sie glücklich machen wird, und deinen Wert in Frage stellen.

Der Mangel an Empathie: Wie er sich auf Ihre Gefühlswelt auswirkt

Einer der schmerzhaftesten Aspekte des Aufwachsens mit einem narzisstischen Elternteil ist die emotionale Vernachlässigung, die oft mit ihrem Verhalten einhergeht. Narzisstischen Eltern mangelt es in der Regel an Empathie – sie sind nicht in der Lage oder nicht willens, die Welt aus deiner Perspektive zu sehen. Das hat zur Folge, dass Ihre Emotionen und Bedürfnisse häufig ignoriert oder abgetan werden. Vielleicht haben Sie das schon einmal erlebt, dass Sie sich in Ihrem eigenen Zuhause unsichtbar oder unwichtig fühlen.

Beispiel: Vielleicht erinnerst du dich an eine Situation, in der du dich über etwas aufgeregt hast und deine Eltern dir gesagt haben, du sollst "aufhören, dramatisch zu sein" oder "darüber hinwegkommen". Deine Gefühle wurden entwertet und du wurdest mit deinem Schmerz allein gelassen. Diese emotionale Vernachlässigung kann zu tiefen Gefühlen der Einsamkeit führen, selbst wenn du von anderen umgeben bist.

In extremen Fällen kann der narzisstische Elternteil auch deine Emotionen herabsetzen, um sie zu kontrollieren. Wenn du traurig warst, beschuldigten sie dich vielleicht, schwach oder undankbar zu sein. Wenn du glücklich warst, könnten sie versuchen, dich mit Kritik zu Fall zu bringen. In jedem Fall wurde Ihre emotionale Erfahrung nie vollständig gesehen, gehört oder geschätzt.

Das Bedürfnis nach Bewunderung: Unsicherheiten auf dich projizieren

Ein Hauptmerkmal narzisstischer Erziehung ist das ständige Bedürfnis nach Bewunderung. Narzisstische Eltern suchen Bestätigung von ihren Mitmenschen, und oft wird dieses Bedürfnis auf ihre Kinder projiziert. Du wurdest vielleicht wie eine Erweiterung des Egos deiner Eltern behandelt und nicht wie ein Individuum mit deinen eigenen Bedürfnissen und Wünschen. Deine Errungenschaften wurden vielleicht gefeiert, aber nur, wenn sie dazu dienten, das Selbstwertgefühl oder das Image deiner Eltern zu stärken.

Beispiel: Vielleicht hast du Momente erlebt, in denen deine Eltern darauf bestanden haben, dass deine Leistungen ein Spiegelbild ihrer Größe sind. "Schau mal, was ich getan habe! Ich habe ein so kluges Kind großgezogen", hätten sie vielleicht gesagt, ohne Rücksicht auf deine eigene harte Arbeit und Errungenschaften. Dies untergräbt auf subtile Weise dein Selbstwertgefühl und lässt dich fragen, ob deine Errungenschaften jemals wirklich deine waren — oder nur eine Möglichkeit für deine Eltern, Aufmerksamkeit zu bekommen.

Die narzisstischen Eltern sehen ihre Kinder nicht als Individuen, sondern als Werkzeuge, um ihre emotionalen Bedürfnisse zu erfüllen. Dies kann dazu führen, dass du ein Leben lang das Gefühl hast, nur für das geschätzt zu werden, was du jemand anderem geben kannst, anstatt so gesehen zu werden, wie du wirklich bist.

Wie narzisstisches Verhalten funktioniert

Also, warum verhalten sich narzisstische Eltern so? Der Kern des Narzissmus ist ein zerbrechliches Selbstgefühl. Narzisstische Eltern projizieren ihre eigenen Unsicherheiten und unerfüllten emotionalen Bedürfnisse auf ihre Kinder, weil sie mit Gefühlen der Unzulänglichkeit oder eines geringen Selbstwertgefühls zu kämpfen haben. Anstatt sich mit ihren eigenen Verletzlichkeiten auseinanderzusetzen, manipulieren und kontrollieren sie ihre Umgebung, um ein Gefühl von Überlegenheit und Macht aufrechtzuerhalten.

Dieses Verhalten stammt oft aus frühkindlichen Erfahrungen, bei denen der narzisstische Elternteil selbst mit emotionaler Vernachlässigung, einem Trauma oder einem Mangel an Bestätigung konfrontiert war.

Anstatt gesunde Bewältigungsmechanismen zu entwickeln, lernen sie, sich auf Kontrolle und Manipulation zu verlassen, um sich sicher zu fühlen. Leider wird dieses Muster an ihre Kinder weitergegeben, so dass sie oft in einem Kreislauf emotionaler Turbulenzen gefangen sind.

Die unsichtbaren Wunden

Mit einem narzisstischen Elternteil aufzuwachsen ist wie in einer Welt zu leben, in der deine Bedürfnisse, Gefühle und sogar deine eigene Existenz oft hinter dem Ego eines anderen zurückzutreten scheinen. So entstehen Wunden, die für das Auge nicht sichtbar sind – Wunden, die keine Narben auf der Haut hinterlassen, sondern tief in die Seele einschneiden. Diese Wunden, die unsichtbaren, sind oft am schwersten zu identifizieren und noch schwieriger zu heilen. Und doch sind sie diejenigen, die prägen, wie du dich selbst und die Welt um dich herum siehst, lange nachdem du dein Zuhause verlassen hast.

Als Kind eines narzisstischen Elternteils wurde dir wahrscheinlich das Gefühl gegeben, nie "gut genug" zu sein. Egal, wie sehr du dich bemüht hast, deine

Errungenschaften wurden entweder abgetan oder von dem übertriebenen Gefühl der Wichtigkeit der Eltern überschattet. Wenn du Erfolg hattest, war es nie deine eigene Errungenschaft – sondern weil du etwas getan hast, das ein gutes Licht auf sie geworfen hat. Wenn man versagte, war das ein Beweis dafür, dass man unzulänglich war. In jedem Fall mussten Sie sich fragen, wer Sie waren, abgesehen von ihren Erwartungen und Anforderungen.

Die emotionale und psychologische Belastung

Der emotionale Tribut dieser Erziehung kann tiefgreifend sein. Eine der häufigsten und niederschmetterndsten Erfahrungen für das erwachsene Kind eines Narzissten ist das Gefühl, ungeliebt und entwertet zu werden. Narzisstischen Eltern fehlt es oft an der Fähigkeit zu echter Empathie, und infolgedessen erhalten ihre Kinder selten die emotionale Bestätigung, die sie brauchen, um ein gesundes Selbstbewusstsein zu entwickeln. Deine Emotionen wurden entweder ignoriert oder trivialisiert, so dass du das beunruhigende Gefühl hattest, dass deine Gefühle keine Rolle spielten. Bei dieser Art von emotionaler Vernachlässigung geht es nicht nur darum, nicht geliebt zu werden – es geht darum, dass man das Gefühl hat, dass Liebe davon abhängt, wie gut man ihre Bedürfnisse und Erwartungen erfüllt.

So entsteht ein schleichender Kreislauf chronischer Selbstzweifel. Wenn deine Emotionen abgetan oder herabgesetzt wurden, warst du gezwungen, deine eigenen Gedanken und Gefühle zu hinterfragen. Du hast gelernt, an deinem eigenen Wert zu zweifeln und dich ständig zu fragen, ob du einfach zu viel, zu sensibel oder zu fehlerhaft bist, um wirklich geliebt zu werden. Vielleicht hast du das Gefühl gehabt, du müsstest dich für deine Existenz entschuldigen, indem du ständig auf Eierschalen trittst, aus Angst, dass der kleinste Fehler zu Ablehnung oder Bestrafung führen würde. Selbst wenn deine Eltern manchmal äußerlich "nett" waren, konntest du dich der unterschwelligen Botschaft nicht entziehen, dass dein Wert an ihre Stimmung oder Zustimmung gebunden war.

Mit der Zeit wird dieses Gefühl, "nicht genug" zu sein, zu einer toxischen inneren Erzählung, die schwer abzuschütteln sein kann. Es flüstert dir in ruhigen Momenten zu und sagt dir, dass du weder Glück noch Erfolg verdienst und dass du für immer unwürdig bist, geliebt zu werden. Das ist das Vermächtnis narzisstischer Erziehung: eine tiefe und dauerhafte Wunde für dein Selbstwertgefühl.

Aber diese unsichtbaren Wunden bleiben nicht nur in dir verborgen – sie prägen auch dein Verhalten. Sie können beeinflussen, wie du mit anderen umgehst, wie du Entscheidungen triffst und sogar, wie du dich selbst in der Welt siehst.

Die langfristigen Auswirkungen auf Verhalten und Beziehungen

Eine der häufigsten Folgen des Aufwachsens mit einem narzisstischen Elternteil ist die Schwierigkeit, gesunde Beziehungen aufzubauen. In Ihrer Kindheit wurden Ihre emotionalen Bedürfnisse entweder ignoriert oder manipuliert, was Sie unsicher macht, wie gesunde emotionale Verbindungen aussehen. Als Erwachsener fällt es dir vielleicht schwer, anderen zu vertrauen oder in Beziehungen wirklich verletzlich zu sein. Das liegt daran, dass dir nie beigebracht wurde, was es bedeutet, bedingungslos geliebt zu werden oder echte Unterstützung und Fürsorge zu erhalten. Eure Beziehungen können auf dem verzerrten Glauben aufgebaut sein, dass Liebe dadurch verdient wird, dass ihr anderen gefallen oder perfekt seid. Vielleicht machst du dir ständig Sorgen, abgelehnt oder verlassen zu werden, genau wie du es von deinem narzisstischen Elternteil warst.

Nehmen wir zum Beispiel Rachel. Sie wuchs in einem Zuhause auf, in dem die Bedürfnisse ihrer Mutter immer an erster Stelle standen. Ihre Errungenschaften wurden nie gefeiert, es sei denn, sie ließen ihre Mutter gut aussehen. Als Rachel das College mit Auszeichnung abschloss, kommentierte ihre Mutter einfach: "Nun, es wird Zeit." Im Laufe der Zeit lernte Rachel, ihre eigenen Bedürfnisse und Wünsche zu unterdrücken, um Konflikte zu vermeiden und die Anerkennung ihrer Mutter zu gewinnen. Als Erwachsene fand sie sich in Beziehungen wieder, in denen sie andere ständig überkompensierte und versuchte, ihre Probleme zu lösen und ihnen auf Kosten ihres eigenen Glücks zu gefallen. Sie wurde zu einer klassischen "People-Pleaser", die immer Angst vor Ablehnung hatte, wenn sie nein sagte oder ihre wahren Gefühle ausdrückte.

Auch das Gefühl, "nicht gut genug zu sein", kann zu Perfektionismus führen. Als Kind hast du gelernt, dass dein Wert davon abhängt, dass du bestimmte Standards erfüllst – Standards, die oft unvernünftig oder unerreichbar sind. Das treibt dich als Erwachsener an, ständig nach Perfektion zu streben, in dem Glauben, dass du nur durch das Erreichen des höchstmöglichen Standards endlich deinen Wert beweisen kannst. Aber egal, wie viel du erreichst, es fühlt sich nie nach genug an, und das Gefühl der Unzulänglichkeit bleibt.

Davids Geschichte illustriert diesen Kampf. Aufgewachsen mit einem narzisstischen Vater, der Perfektion verlangte, war David besessen davon, in seiner Karriere Erfolg zu haben. Er glaubte, wenn er nur erfolgreich genug wäre, würde sein Vater ihn endlich anerkennen. Aber selbst nachdem er einen gut bezahlten Job bekommen und für seine Leistungen anerkannt worden war, war das Lob seines Vaters spärlich und flüchtig. Egal, was David tat, es war nie genug. Er fühlte sich innerlich leer und jagte ständig nach Anerkennung, die nie kommen würde, und seine Beziehungen litten darunter. Es fiel ihm schwer, darauf zu vertrauen, dass die Menschen ihn für das liebten, was er war, und nicht für das, was er für sie tun konnte.

Emotionale Vernachlässigung und der unsichtbare Schaden

Der Kern dieser unsichtbaren Wunden ist das Konzept der emotionalen **Vernachlässigung**. Emotionale Vernachlässigung wird oft übersehen, weil sie nicht so offensichtlich ist wie körperlicher Missbrauch oder verbale Angriffe. Aber die Langzeitfolgen können genauso schädlich sein. Narzisstische Eltern bieten nicht die emotionale Fürsorge, die ein Kind braucht, um ein gesundes Selbstbewusstsein zu entwickeln. Sie fördern das emotionale Wachstum ihres Kindes nicht, weil ihre eigenen Bedürfnisse immer Vorrang haben. Dadurch ist das Kind emotional auf sich allein gestellt, oft ohne die Werkzeuge oder die Unterstützung, die es braucht, um mit seinen Gefühlen umzugehen.

Zum Beispiel lernt ein Kind eines narzisstischen Elternteils vielleicht nicht, wie es mit seinen Emotionen umgeht oder wie es Verletzlichkeit ausdrückt. Sie wachsen vielleicht emotional "getrennt" auf und wissen nicht, wie sie ihre Gefühle regulieren oder schwierige Emotionen wie Traurigkeit, Wut oder Angst verarbeiten sollen. Dies kann im Erwachsenenalter zu einer emotionalen Dysregulation führen, bei der sich selbst kleinere Belastungen überwältigend und unkontrollierbar anfühlen können. Viele erwachsene Kinder von Narzissten haben auch mit Gefühlen der Isolation zu kämpfen, weil sie früh gelernt haben, dass ihre emotionalen Bedürfnisse nicht wichtig genug sind, um Aufmerksamkeit zu verdienen.

Mythen über narzisstische Familien

Es gibt mehrere Mythen und Missverständnisse über narzisstische Familien, die es dir erschweren können, deinen Erfahrungen einen Sinn zu geben. In diesem Abschnitt werden wir diese Mythen direkt angehen und eine dringend benötigte Bestätigung für das liefern, was Sie durchgemacht haben.

Mythos #1: "Alle Eltern haben das Wohl ihres Kindes im Auge"

Einer der am weitesten verbreiteten Mythen ist, dass alle Eltern, egal wie fehlerhaft sie sind, das Wohl ihres Kindes im Auge haben. Diese Vorstellung ist tröstlich, weil sie impliziert, dass Eltern ihre Kinder von Natur aus lieben und sich um sie kümmern, und dass alle Unzulänglichkeiten lediglich das Ergebnis von Stress, Unwissenheit oder schlechten Umständen sind. Es stimmt zwar, dass viele Eltern ihr Bestes geben, aber dieser Mythos gilt nicht für narzisstische Erziehung. Narzisstische Eltern agieren oft von einem zutiefst egozentrischen Standpunkt aus, und ihre Hauptsorge gilt ihren eigenen Bedürfnissen, Wünschen und emotionalen Regulierungen – nicht dem Wohlergehen ihrer Kinder.

Für narzisstische Eltern wird ihr Kind oft als eine Erweiterung ihrer selbst angesehen, die existiert, um ihren Selbstwert zu bestätigen. Das bedeutet, dass vom Kind erwartet wird, dass es die Wünsche der Eltern widerspiegelt und das Bild der Überlegenheit der Eltern aufrechterhält. Wenn das Verhalten, die Bedürfnisse oder die Emotionen des Kindes nicht mit den Erwartungen des narzisstischen Elternteils übereinstimmen, kann das Kind mit Vernachlässigung, emotionalem Missbrauch oder Manipulation konfrontiert werden. Wenn zum Beispiel ein narzisstischer Elternteil verärgert ist, weil sein Kind in der Schule nicht gut abgeschnitten hat, anstatt das Kind zu trösten, könnte er um sich schlagen und Dinge sagen wie: "Du ruinierst meinen Ruf" oder "Ich kann nicht glauben, wie egoistisch du bist".

Dieser egozentrische Ansatz der Erziehung kann unglaublich schädlich sein, weil er dem Kind die emotionale Unterstützung und Bestätigung verweigert, die es braucht, um ein gesundes Selbstbewusstsein zu entwickeln. Es führt auch zu einem ständigen Gefühl, benutzt oder ungeliebt zu werden, da das Kind nie als das gesehen wird, was es wirklich ist, sondern nur dafür, wie es den Bedürfnissen des narzisstischen Elternteils dient.

Mythos #2: "Kinder übertreiben die Fehler ihrer Eltern"

Ein weiterer Mythos, der oft über narzisstische Familien aufrechterhalten wird, ist die Vorstellung, dass Kinder die Fehler ihrer Eltern übertreiben oder Geschichten erfinden, um ihre Erziehung schlechter erscheinen zu lassen, als sie tatsächlich war. Dieser Mythos kann besonders schädlich sein, weil er die Wahrheit des Kindes zum Schweigen bringt und ihm das Gefühl gibt, dass seine Erfahrungen ungültig oder nicht wichtig genug sind, um ernst genommen zu werden. Es impliziert, dass, wenn der Elternteil sagt, dass er sein Kind liebt oder versucht, sich zu entschuldigen, das Kind die Vergangenheit vergessen und weitermachen sollte.

Die Wahrheit ist, dass narzisstischer Missbrauch heimtückisch ist. Es ist oft subtil und versteckt sich hinter einer Maske aus Charme, Manipulation oder Liebesversprechen. Narzisstische Eltern sind Experten im Gaslighting – die Realität zu verdrehen und ihre Kinder dazu zu bringen, ihre eigenen Wahrnehmungen in Frage zu stellen. Wenn ein Kind über die emotionale Vernachlässigung, die grausamen Kommentare oder das manipulative Verhalten, das es erlitten hat, spricht, kann es sein, dass ihm gesagt wird: "Du bist zu sensibel" oder "Das ist nie passiert. Du erinnerst dich nur falsch daran." Im Laufe der Zeit kann diese ständige Entwertung dazu führen, dass das Kind an seinem eigenen Gedächtnis und seiner Wahrnehmung zweifelt, was dazu führt, dass es glaubt, dass es vielleicht übertreibt oder sich Dinge ausdenkt.

Die emotionalen Narben, die narzisstischer Missbrauch hinterlässt, sind jedoch sehr real, und der Schmerz sollte nicht abgetan oder verharmlost werden. Es ist wichtig zu erkennen, dass nur weil ein Elternteil Momente der Freundlichkeit hat oder gelegentlich Lob ausspricht, dies nicht die emotionale Manipulation, Kontrolle oder Vernachlässigung auslöscht, die ebenfalls vorhanden sein können. Das ist keine Übertreibung – es ist ein Spiegelbild des emotionalen Chaos, das mit narzisstischer Erziehung einhergeht.

Mythos #3: "Freunde und Familie würden es verstehen, wenn du es ihnen nur erzählen würdest"

Ein weiterer schmerzhafter Mythos ist der Glaube, dass wenn du anderen – wie Freunden, Verwandten oder sogar Therapeuten – deine Erfahrung erklärst, sie dich sofort verstehen und unterstützen werden. Leider ist narzisstischer Missbrauch emotional so komplex und oft unter der Oberfläche verborgen, dass es für Menschen außerhalb der Situation schwierig sein kann, ihn zu verstehen. Dies gilt insbesondere für diejenigen, die selbst keine narzisstische Erziehung erlebt haben.

Narzisstische Eltern präsentieren nach außen hin oft eine charmante, gut zusammengestellte Fassade, die es allen anderen schwer macht, die Dysfunktion darunter zu sehen. Sie verhalten sich vielleicht wie die perfekten Eltern, wenn andere Menschen in der Nähe sind, aber hinter verschlossenen Türen können sie emotional vernachlässigt, kontrollierend oder sogar missbräuchlich sein. Für Außenstehende kann dies zu Verwirrung oder Unglauben führen, wenn ein Kind versucht, die Situation zu erklären. Freunde oder Familie könnten sagen: "Deine Eltern schienen immer so nett zu sein" oder "Sie sind nicht so schlimm", weil sie die verdeckte und manipulative Natur von narzisstischem Verhalten nicht verstehen.

Dieser Mangel an Verständnis kann dazu führen, dass sich das erwachsene Kind unglaublich isoliert fühlt. Es kann Schamgefühle hervorrufen, als wären sie die einzigen, die diese Art von Behandlung erlebt haben, oder dass sie irgendwie schuld daran sind, dass sie keine bessere Beziehung zu ihren Eltern haben. Es ist wichtig, anzuerkennen, dass es bei diesen äußeren Zweifeln nicht um dich selbst geht – es geht um die Komplexität von narzisstischem Missbrauch und wie er oft von denen missverstanden wird, die ihn nicht erlebt haben.

Mythos #4: "Deine Schmerzen sind nicht so schlimm, wie du denkst"

Einer der schädlichsten Mythen ist schließlich der Glaube, dass der Schmerz, der durch narzisstische Erziehung verursacht wird, nicht so stark ist, wie er sich anfühlt. Dieser Mythos kann von Menschen stammen, die keinen narzisstischen Missbrauch erlebt haben, und er kommt oft in Form von gut gemeinten, aber fehlgeleiteten Ratschlägen. Sätze wie "Du bist jetzt erwachsen – mach einfach weiter" oder "Andere Menschen haben es schlimmer" können dir das Gefühl geben, dass deine emotionalen Kämpfe keine Aufmerksamkeit oder Fürsorge wert sind.

Die Realität ist, dass die Auswirkungen narzisstischer Erziehung tiefgreifend und lang anhaltend sein können. Emotionaler Missbrauch, Vernachlässigung und Manipulation können tiefe Wunden hinterlassen, die sich darauf auswirken, wie du dich selbst siehst, wie du mit anderen umgehst und wie du dich in der Welt zurechtfindest. Der Schmerz, den du fühlst, ist real und verdient es, erkannt, bestätigt und geheilt zu werden. Nur weil andere die Tiefe deines Schmerzes nicht vollständig verstehen oder schätzen, macht ihn das nicht weniger real.

Beruhigung und Validierung

Es ist wichtig, sich daran zu erinnern, dass deine Erfahrungen gültig sind und dein Schmerz legitim ist. Die Mythen rund um narzisstische Familien dienen nur dazu, deine Realität zu entkräften, aber die Wahrheit ist, dass das Aufwachsen mit einem narzisstischen Elternteil tiefe emotionale Narben hinterlässt. Du hast dir die Manipulation, die Kontrolle oder die emotionale Vernachlässigung nicht vorgestellt. Und selbst wenn andere es nicht verstehen, sind deine Gefühle echt und dein Weg zur Heilung ist wichtig.

Während Sie mit diesem Buch fortfahren, möchte ich, dass Sie wissen, dass Sie nicht allein sind. Deine Geschichte ist gültig, und es gibt Hoffnung auf Heilung und Genesung. Mit den richtigen Werkzeugen, der richtigen Unterstützung und dem richtigen Verständnis kannst du dich von den Mustern des narzisstischen Missbrauchs befreien und ein Leben schaffen, in dem du frei bist, dein wahres, authentisches Selbst zu sein. Dein Schmerz definiert dich nicht, und Heilung ist nicht nur möglich – sie wartet auf dich.

Reflektierende Übung

"Schreibe einen Brief an dein jüngeres Ich. Was sollen sie über die Liebe und Unterstützung wissen, die sie verdient haben?"

Kapitel 2

Die Gefühle, die nicht loslassen wollen

Stell dir für einen Moment vor, du wachst jeden Tag mit einer schweren, unsichtbaren Last auf deiner Brust auf. Es ist eine Last, die nicht von deinen Umständen kommt, sondern von innen – tief in deinem Herzen und deinem Verstand vergraben. Es ist das anhaltende Schuldgefühl, die leise Stimme in deinem Kopf, die dir sagt, dass du nie genug bist. Es ist der Stachel der **Scham**, der Glaube, dass etwas von Natur aus nicht mit dir stimmt. Diese Gefühle fühlen sich an wie alte Freunde, die du nie eingeladen hast, aber sie sind schon so lange bei dir, dass du dir ein Leben ohne sie nicht mehr vorstellen kannst.

Kommt Ihnen das bekannt vor? Wenn du mit einem narzisstischen Elternteil aufgewachsen bist, weißt du wahrscheinlich genau, was ich meine. Die emotionalen Nachwirkungen des Lebens mit narzisstischem Missbrauch sind nicht immer offensichtlich – sie hinterlassen nicht immer sichtbare Narben, aber sie **bleiben**. Es prägt die Art und Weise, wie du dich selbst, andere und die Welt um dich herum siehst. Das ist einer der Gründe, warum sich die Heilung durch eine solche Erziehung so überwältigend anfühlen kann: Diese Emotionen fühlen sich oft so an, als wären sie schon ewig bei dir gewesen und begleiten dich in jeder Phase deines Erwachsenenlebens.

In diesem Kapitel geht es darum, **diese Emotionen zu verstehen – Schuld**, **Scham** und die subtilen Manipulationstaktiken wie Gaslighting , die es noch verwirrender machen. Wir werden tief in die Frage eintauchen, warum diese Gefühle wie Klebstoff an dir kleben, wie sie dein Selbstgefühl verzerren und warum es so wichtig ist, dir endlich den **Raum zum Trauern zu gönnen**. Wenn Sie dieses emotionale Gepäck mit sich herumgetragen haben, wissen Sie, dass Sie nicht allein sind, und es ist an der Zeit, es auszupacken.

Die Emotion, die sich wie eine schwere Decke anfühlt: Schuld

Schuldgefühle sind eine mächtige Kraft, wenn du mit einem narzisstischen Elternteil aufwächst. Es ist oft das Erste, was du fühlst, wenn etwas schief geht, und es ist das Letzte, was du loslässt. Doch was steckt hinter diesem ständigen Schuldgefühl?

In einem narzisstischen Haushalt sind Liebe und Anerkennung oft an Bedingungen geknüpft. Wahrscheinlich wurdest du darauf konditioniert zu glauben, dass alles, was **du tust, für die Anerkennung eines anderen war**, und egal wie sehr du dich bemüht hast, es war nie genug. Deine Errungenschaften wurden entweder ignoriert oder kritisiert, und deine Fehler wurden vergrößert. Das liegt daran, dass es bei einem narzisstischen Elternteil **um ihre Bedürfnisse ging, nicht um Ihre**. Wenn du diese Bedürfnisse nicht erfülltest, wurdest du schuldig gemacht, weil du einfach du selbst warst.

Diese Art von Schuld ist heimtückisch, weil sie nicht einfach verschwindet, wenn du älter wirst – sie wird zu einem emotionalen Standardzustand. Du fühlst dich schuldig, wenn du deine eigenen Bedürfnisse über andere stellst, schuldig, wenn du nein sagst, schuldig, wenn du etwas sagst. Du könntest dich sogar schuldig fühlen, wenn du dich nicht schuldig fühlst, weil du darauf trainiert wurdest, zu glauben, dass du für die Gefühle aller verantwortlich bist. Diese Schuld ist vielleicht so tief in deinem Leben verwurzelt, dass du nicht einmal bemerkst, wie sie deine heutigen Entscheidungen beeinflusst.

Aber hier ist die Wahrheit: **Du bist nicht für das emotionale Wohlbefinden eines anderen verantwortlich**, schon gar nicht für deinen narzisstischen Elternteil. Diese Schuld, die du mit dir herumträgst? Es ist ihres, nicht deines.

Scham: Die Stimme in deinem Kopf, die dir sagt, dass du nicht genug bist

Scham ist eine weitere Emotion, die wie ein Schatten an dir haftet. Im Gegensatz zu Schuldgefühlen, bei denen es um bestimmte Handlungen oder Verhaltensweisen gehen kann, geht Scham tiefer. Es geht nicht nur darum, was du getan oder nicht getan hast – es geht darum, wer du im Kern bist.

Wenn du mit einem narzisstischen Elternteil aufgewachsen bist, hast du wahrscheinlich oft das Gefühl bekommen, **nie genug zu sein**. Du wurdest für deine Persönlichkeit, deine Leistungen, dein Aussehen kritisiert – nichts, was du getan hast, war jemals gut genug für sie. Du warst entweder **zu viel** oder **zu wenig**, aber nie ganz richtig.

Mit der Zeit nagt diese ständige Kritik an deinem Selbstwertgefühl. Du verinnerlichst diese Botschaften, bis du glaubst, dass etwas von Natur aus nicht mit dir stimmt. Vielleicht fängst du an, dich so zu fühlen, als **wärst du nicht liebenswert** oder **fehlerhaft** und dass sich niemand jemals wirklich um dich kümmern könnte. Diese Schamgefühle sind oft unbewusst, so dass du vielleicht nicht einmal merkst, wie sehr sie die Art und Weise beeinflussen, wie du dich selbst siehst und welche Entscheidungen du triffst. Vielleicht neigst du dazu, zu überkompensieren, anderen zu gefallen, deine wahren Gefühle zu verbergen – alles, um den unangenehmen Glauben zu vermeiden, dass du nicht genug bist.

Die Wahrheit ist, dass **Scham eine Lüge ist**. Es sagt dir, dass du gebrochen oder unwürdig bist, geliebt zu werden, aber das könnte nicht weiter von der Wahrheit entfernt sein. Was dir passiert ist, war nicht deine Schuld. Die Scham, die du fühlst, wurde **dir** von einem Elternteil auferlegt, der deinen Wert nicht erkennen konnte.

Gaslighting: Die Macht des Zweifels

Wenn dir jemals gesagt wurde, dass du "zu sensibel" bist oder "Dinge erfindest", wenn du versuchst, deine

Emotionen oder Erfahrungen auszudrücken, bist du wahrscheinlich schon einmal auf **Gaslighting gestoßen**. Gaslighting ist eine Form der psychologischen Manipulation, die dich dazu bringt, deine eigene Realität in Frage zu stellen. Es ist eine Taktik, die narzisstische Eltern oft anwenden, um das Selbstwertgefühl ihrer Kinder zu kontrollieren und zu schwächen.

Vielleicht wurde dir gesagt, dass deine Gefühle nicht berechtigt waren, dass du **überreagiert** hast oder dass du missverstanden hast, was passiert ist. Mit der Zeit kann dieser ständige Zweifel dazu führen, dass du alles an dir selbst in Frage stellst, sogar deine Erinnerungen. Vielleicht hast du sogar das Gefühl, dass du deiner eigenen Wahrnehmung der Realität nicht vertrauen kannst.

Die Gefahr von Gaslighting besteht darin, dass es **dich von deiner Wahrheit trennt**. Es lässt einen an seinen eigenen Erfahrungen zweifeln, was die emotionalen Wunden nur noch vertieft. Wenn du mit Gaslighting belästigt wurdest, ist das nicht deine Schuld. Der Narzisst nutzte diese Taktik, um die Kontrolle zu behalten und sich der Verantwortung für seine Handlungen zu entziehen.

Trauer um die Kindheit, die du nicht hattest

Ein weiterer wichtiger Schritt in diesem Kapitel ist **die Trauer – die** Trauer um die Kindheit, die man nie hatte. Es ist ein Prozess, den viele Menschen übersehen, aber er ist wichtig für die Heilung. Du hattest nie die Chance, **gesunde Liebe, Bestätigung und Unterstützung zu erfahren,** weil diese Dinge von deinem narzisstischen Elternteil zurückgehalten oder manipuliert wurden.

Diese Trauer kann sich auf viele Arten äußern – **Traurigkeit**, **Wut** oder sogar Gefühle der Leere. Aber es ist wichtig, sich selbst zu erlauben, diese Trauer zu fühlen und den Verlust der gesunden, liebevollen Umgebung anzuerkennen, die du verdient hast. Heilung beginnt, wenn du **dir selbst die Erlaubnis gibst,** um die Eltern-Kind-Beziehung zu trauern, die du nie hattest.

Warum sich Schuld und Scham wie Zuhause anfühlen

Stell dir Folgendes vor: Du bist ein Kind, das am Esstisch sitzt und sehnsüchtig auf das Lob deiner Eltern für das Kunstprojekt wartet, an dem du Stunden gearbeitet hast. Du hast so viel von dir selbst hineingesteckt, in der Hoffnung, dass sie deine Bemühungen sehen werden.

Wenn du es ihnen zeigst, stößt du auf Schweigen, vielleicht einen kurzen Blick und dann auf eine schneidende Bemerkung wie: "Es ist nicht einmal so gut" oder "Du hättest es besser machen können".

In diesem Moment verblasst die Aufregung, die du über deine Leistung empfunden hast, und wird durch ein flaues Gefühl in deinem Magen ersetzt. Du fängst an, deinen Wert, deine Fähigkeiten und dein Selbstbewusstsein in Frage zu stellen. Du weißt, dass etwas nicht richtig ist, aber dir fehlen die Worte, um es zu erklären. Stattdessen verinnerlicht du die Erfahrung und glaubst, dass du vielleicht, nur vielleicht, das Problem bist. Vielleicht bist du einfach nicht genug.

Als Erwachsener können diese Gefühle immer noch nachklingen – lange nachdem das Kunstprojekt in Vergessenheit geraten ist. Vielleicht stellst du jeden deiner Schritte in Frage, entschuldigst dich unnötig oder suchst ständig nach Anerkennung von anderen. **Schuld** und **Scham** haben dich bis ins Erwachsenenalter begleitet, so dass es schwer ist, den Glauben abzuschütteln, dass du irgendwie fehlerhaft oder unwürdig bist oder ständig zu kurz kommst.

Wie Schuld und Scham sich verfestigen

Dieses Szenario ist vielen erwachsenen Kindern narzisstischer Eltern bekannt. Schuld und Scham sind oft die wichtigsten Werkzeuge, die narzisstische Eltern einsetzen, um die Kontrolle über ihre Kinder zu behalten. Im Gegensatz zu typischer Elternschaft, in der Liebe und Unterstützung als Grundlage für die Entwicklung dienen, schaffen narzisstische Eltern ein Umfeld, in dem Bestätigung an Bedingungen geknüpft ist. In diesen Haushalten fragen sich die Kinder oft: *"Was muss ich tun, um sie stolz zu machen? Werde ich jemals genug sein?"* Das Bedürfnis nach Anerkennung wird zu einem ständigen Kreislauf, aber egal wie viel du gibst oder wie sehr du dich bemühst, es ist nie genug.

Narzisstische Eltern neigen dazu, ihre Kinder nicht als Individuen mit ihren eigenen Bedürfnissen und Emotionen zu sehen, sondern als Erweiterungen ihrer selbst. Wenn das Kind die Erwartungen seiner Eltern nicht erfüllt oder sich auf eine Weise verhält, die nicht mit dem Bild der Eltern von Perfektion übereinstimmt, ist die Reaktion oft hart und strafend. Sie könnten Schuldgefühle nutzen, um zu manipulieren, indem sie Dinge sagen wie: *"Nach allem, was ich für dich getan habe, vergeltest du es mir?"* oder *"Du hast alles für mich ruiniert."* Diese Sätze implantieren den Glauben, dass das Kind die Quelle des Unglücks der Eltern ist, und führen dazu, dass sie Schuldgefühle verinnerlichen, auch wenn die Situation nichts mit ihnen zu tun hat.

Scham ist eine weitere emotionale Waffe, die häufig von narzisstischen Eltern eingesetzt wird. Während sich die Schuld darauf konzentriert, was das Kind getan (oder nicht getan) hat, konzentriert sich die Scham darauf, wer das Kind ist. Narzisstische Eltern kritisieren ihre Kinder oft für ihr Wesen und sagen ihnen, dass sie nicht gut genug sind, dass sie nie ihr Potenzial ausschöpfen werden, oder noch schlimmer, dass sie sich unsichtbar oder unwichtig fühlen. Diese ständige Entwertung lehrt das Kind, dass es von Natur aus fehlerhaft ist – dass in seinem Kern etwas mit ihm nicht stimmt.

Die Langzeitfolgen von Schuld und Scham

Als Kind hast du vielleicht gelernt, deine Gefühle zu verstecken oder es zu vermeiden, deine wahren Gefühle auszudrücken, aus Angst, kritisiert oder herabgesetzt zu werden. Mit der Zeit lehrt dich das, dass deine Gefühle falsch, ungültig oder zu viel sind. Diese Konditionierung erzeugt tiefe emotionale Wunden, die sich im Erwachsenenalter als chronische Schuld- und Schamgefühle manifestieren können. Diese Emotionen haben ihren Ursprung in der Kindheit, sind aber tief verwurzelt und können viele Aspekte des Lebens beeinflussen.

Eine der wichtigsten Auswirkungen des Aufwachsens in einer Umgebung voller Schuld und Scham ist die Auswirkung auf **das Selbstwertgefühl**. Wenn einem Kind immer wieder gesagt wird, dass es nicht genug ist, fängt es an, es zu glauben. Dieser Glaube verschwindet nicht nur mit dem Alter – er bleibt auch im Erwachsenenalter bestehen und beeinflusst, wie sie sich selbst und ihre Fähigkeiten sehen. Die Stimme des narzisstischen Elternteils wird zu einem inneren Kritiker und erinnert ihn ständig daran, dass er es nicht wert ist, geliebt zu werden, Erfolg oder Glück zu haben. Sie haben vielleicht das Gefühl, dass sie härter arbeiten, mehr tun oder perfekt sein müssen, um die Anerkennung zu erhalten, die ihnen vorenthalten wurde. Dies führt oft zu dem Gefühl, "nie gut genug" zu sein, egal wie viel sie erreichen oder wie sehr sie sich bemühen.

Ein weiterer Bereich, in dem Schuld und Scham ihren Tribut fordern, ist die **Entscheidungsfindung**. Die chronischen Selbstzweifel, die aus diesen Emotionen resultieren, führen oft zu einer Lähmung, wenn es darum geht, Entscheidungen zu treffen. In Beziehungen, bei der Arbeit und sogar bei persönlichen Zielen kannst du dich dabei ertappen, wie du jede deiner Entscheidungen in Frage stellst, weil du dir Sorgen machst, dass du die falsche Wahl triffst oder dabei jemanden verärgerst. Die Angst, einen Fehler zu machen und mit Verurteilung oder Missbilligung konfrontiert zu werden, kann dich davon abhalten, Maßnahmen zu ergreifen oder für das einzustehen, was du wirklich willst.

Der vielleicht schmerzhafteste Bereich, in dem Schuld und Scham erwachsene Kinder von Narzissten betreffen, ist in **Beziehungen**. Wenn du damit aufwächst, dass dir gesagt wird, dass du unwürdig oder fehlerhaft bist, ist es schwer zu glauben, dass irgendjemand dich wirklich so lieben kann, wie du bist. Es fällt dir vielleicht schwer, anderen zu vertrauen, weil du befürchtest, dass sie irgendwann deine "Fehler" sehen und dich im Stich lassen. Diese Angst kann zu toxischen Beziehungen führen, in denen du entweder übermäßig nachgiebig wirst und versuchst, Liebe und Bestätigung zu verdienen, oder distanziert und vermeidend bist und dich davor schützt, verletzt zu werden. Der Kreislauf der Suche nach Anerkennung, des Gefühls der Unwürdigkeit und des Zweifelns an sich selbst kann sich in Beziehungen wiederholen und zu Einsamkeit, Isolation und Verwirrung führen.

Der psychologische Tribut von Schuld und Scham

Die psychologischen Auswirkungen von Schuld und Scham sind nicht nur emotional, sondern können sich auch auf die **psychische Gesundheit auswirken**. Die Forschung zeigt, dass chronische Scham- und Schuldgefühle mit Angstzuständen, Depressionen und geringem Selbstwertgefühl verbunden sind. Wenn einem Kind beigebracht wird, den Glauben zu verinnerlichen, dass es das Problem ist, entsteht ein Teufelskreis aus Selbstvorwürfen und emotionaler Dysregulation. Dieses emotionale Ungleichgewicht kann sich als überwältigender Stress manifestieren, sich ständig "nervös" zu fühlen oder mit aufdringlichen Gedanken und negativen Selbstgesprächen zu kämpfen.

Wenn Schuld und Scham nicht angesprochen werden, können sie zu einem Gefühl der **Wertlosigkeit führen**, das jeden Aspekt des Lebens prägt. Du hast vielleicht das Gefühl, dass du nie Liebe, Erfolg oder Glück verdienst, und du stößt vielleicht sogar Menschen weg, um nicht verletzt zu werden. Dieses Gefühl der Wertlosigkeit ist tief verwurzelt und hält die Menschen oft in einem Zustand emotionaler Stagnation, in dem sie das Gefühl haben, nicht vorankommen zu können, egal wie sehr sie es wollen.

Reflektierende Fragen, um die Wurzeln von Schuld und Scham aufzudecken

Es ist wichtig zu erkennen, dass diese Gefühle nicht deine Schuld sind. Sie sind das Ergebnis einer toxischen Erziehung, nicht ein Spiegelbild dessen, wer du wirklich bist. Um Ihnen zu helfen, diese Emotionen zu entwirren, nehmen Sie sich einen Moment Zeit, um über die folgenden Fragen nachzudenken:

1. **Wann hast du zum ersten Mal das Gefühl gehabt, nie genug zu sein?**

Gab es ein bestimmtes Ereignis oder Muster in Ihrer Kindheit, das Sie so fühlen ließ?

---

2. Wie sprichst du mit dir selbst, wenn du einen Fehler machst?

Bist du übermäßig kritisch oder nachsichtig? Wie ist deine innere Stimme im Vergleich zu der Art und Weise, wie du einen geliebten Menschen behandeln würdest, der einen Fehler gemacht hat?

____

____

____

3. Wie sieht für dich "gut genug sein" aus?

____

____

____

____

____

____

____

Basiert es auf externer Validierung oder können
Sie es selbst definieren?

____

____

____

4. Wie reagierst du auf Komplimente oder Lob von anderen?

____

____

____

____

____

____

Nimmst du sie gnädig an oder lehnst du sie ab, weil du dich unwürdig fühlst?

---

5. Was müsste es tun, damit du glaubst, dass du es wert bist, geliebt und glücklich zu werden?

Gibt es eine Veränderung, die du in deinem Selbstverständnis vornehmen musst?

____

____

____

____

Gaslighting 101

Gaslighting ist ein Begriff, der heutzutage viel herumgeworfen wird, aber wenn Sie mit einem narzisstischen Elternteil aufgewachsen sind, ist es mehr als nur ein Modewort — es war wahrscheinlich eine wichtige Kraft bei der Gestaltung Ihrer Welt. Es ist eine Form der psychologischen Manipulation, die subtil, aber mächtig ist. Stell dir Folgendes vor: Du hast eine Erinnerung oder ein Gefühl, aber jemand, dem du vertraust, zu dem du aufschaust — deine Eltern — sagt dir, dass das, woran du dich erinnerst oder fühlst, nicht wahr ist. Dass sie das nie gesagt haben oder dass du überreagierst. Mit der Zeit fängst du an, an deinem eigenen Verstand zu zweifeln. Kommt Ihnen das bekannt vor? Das ist Gaslighting bei der Arbeit.

Schauen wir es uns genauer an.

Wie Gaslighting in der narzisstischen Elternschaft aussieht

Gaslighting ist nicht immer eine große Geste. Tatsächlich sind es oft die kleinen Dinge, die an deinem Selbstvertrauen und deinem Realitätssinn kratzen. Narzisstische Eltern nutzen Gaslighting, um ihre Kinder unter Kontrolle zu halten und sicherzustellen, dass sie abhängig, gehorsam und unbewusst ihrer eigenen Macht bleiben. Wenn deine Eltern etwas leugnen, an das du dich genau erinnerst, oder die Wahrheit verdrehen, um dich dazu zu bringen, deine eigenen Erfahrungen zu hinterfragen, dann ist das Gaslighting.

Zum Beispiel:

- **"Das habe ich nie gesagt. Du bildest dir die Dinge nur ein."** Du weißt, dass sie es gesagt haben, aber wenn sie es so überzeugend leugnen, fängst du an, dich zu fragen, ob dein Gedächtnis fehlerhaft ist.

- **"Du bist zu sensibel, ich habe nur gescherzt."** Wenn deine Eltern einen bissigen Kommentar machen oder sich auf eine Art und Weise verhalten, die dich verletzt, aber dann mit den Schultern zuckt, als wärst du das Problem, spielen sie deine Gefühle herunter und lassen dich fragen, ob du überreagierst.

- **"Ich kann mich nicht daran erinnern, dass das passiert ist, du musst dir Dinge ausdenken."** Wenn deine Eltern deine Erfahrungen rundheraus leugnen, führt das zu Verwirrung. Woran du dich erinnerst, wird eindeutig zu etwas, an dem du zweifeln solltest.

Diese Beispiele zeigen, wie narzisstische Eltern die Realität ihrer Kinder manipulieren, indem sie Verwirrung stiften und Selbstzweifel säen. Sie schieben die Schuld auf das Kind und geben ihm das Gefühl, für die Verwirrung verantwortlich zu sein, die es erlebt.

Die emotionale und mentale Belastung durch Gaslighting

Das Leben mit ständigem Gaslighting fordert einen hohen Tribut von Ihrem geistigen und emotionalen Wohlbefinden. Am Anfang haben Sie vielleicht das Gefühl, einfach zu sensibel zu sein, aber mit der Zeit kann Gaslighting dazu führen, dass Sie alles in Frage stellen. Bist du wirklich das Problem? Ist das wirklich so passiert, wie Sie es in Erinnerung haben? Es ist, als würde dir jemand einen Streich spielen, und es ist anstrengend. Wenn ein Elternteil Ihre Wahrnehmung ständig verdreht, fördert dies eine tiefe Verwirrung über Ihre Gefühle, Handlungen und Erinnerungen.

Die Auswirkungen von Gaslighting sind mehr als nur frustrierend – es nagt an deinem Selbstwertgefühl. Du könntest das Gefühl haben, dass du deinen eigenen Gedanken oder Instinkten nicht trauen kannst. Ihre Fähigkeit, Ereignisse genau zu interpretieren und Ihre emotionalen Reaktionen einzuschätzen, wird trüb. Dies führt zu einem zerbrechlichen Realitätssinn, in dem du ständig Bestätigung von anderen suchst und unsicher bist, ob deine Gefühle gerechtfertigt sind. Im Laufe der Zeit kann sich dies zu einem überwältigenden Gefühl der Unsicherheit entwickeln.

Warum Gaslighting besonders schädlich ist

Was Gaslighting so schädlich macht, ist, dass es nicht nur deine Sicht auf die Welt verzerrt – es untergräbt auch dein Vertrauen in dich selbst. Wenn ein narzisstischer Elternteil ständig deine Gefühle entwertet oder deine Erfahrungen leugnet, beginnst du das Gefühl zu haben, dass du nicht fühlen darfst, was du fühlst, oder dass deine Erinnerungen unzuverlässig sind. Im Wesentlichen verlierst du die Fähigkeit, deinem eigenen Verstand zu vertrauen.

Dies kann zu einem Kreislauf von Selbstzweifeln führen, in dem du ständig Bestätigung von anderen suchst, dich aber immer noch unsicher über deine eigene Wahrnehmung fühlst. Diese Verwirrung kann sich auf Beziehungen außerhalb der Familie auswirken und Schwierigkeiten bereiten, anderen zu vertrauen oder sogar eigene Entscheidungen zu treffen. Du könntest dich selbst hinterfragen, nicht nur in Bezug auf deine vergangenen Erfahrungen, sondern auch in Bezug auf deine Entscheidungen, Gefühle und sogar deinen Wert.

Wenn diese Selbstzweifel Wurzeln schlagen, schaffen sie eine Verletzlichkeit, die narzisstische Eltern ausnutzen können, und lassen dich in einem toxischen Kreislauf gefangen halten, in dem deine Realität von jemand anderem geformt wird. Dein emotionales und mentales Wohlbefinden ist an jemanden gebunden, der kein Interesse an deiner Wahrheit hat – nur seine Kontrolle.

Gaslighting im eigenen Leben erkennen

Vielleicht lesen Sie dies und fragen sich: "Wurde ich mit Gaslighting belästigt?" Wenn ja, lautet die Antwort wahrscheinlich ja, aber es zu erkennen, ist der erste Schritt zur Heilung. Um Ihnen zu helfen, Gaslighting in Ihrem Leben zu erkennen, finden Sie hier einige Denkanstöße:

1. **Denke an ein kürzliches Gespräch mit einem Elternteil (oder jemandem, der dich belästigt hat) zurück. Was ist passiert?**

Wurde dir das Gefühl gegeben, dass deine Gefühle ungültig sind? Wurden Ihre Erinnerungen in Frage gestellt oder verworfen?

2. **Wie oft hinterfragt man sich nach einer Meinungsverschiedenheit?** Entschuldigst du dich für Dinge, von denen du nicht sicher bist, ob du sie falsch gemacht hast, nur um den Frieden zu wahren?

3. **Achte darauf, wie du dich im Umgang mit Menschen fühlst, die dich in der Vergangenheit entwertet haben.** Sind Sie ängstlich, verwirrt oder unsicher in Bezug auf Ihre Gedanken und Emotionen?

Übung: Verbringen Sie einige Zeit damit, Momente aufzuschreiben, in denen Sie sich überwältigt gefühlt haben – Zeiten, in denen Ihre Wahrnehmungen verworfen oder Ihre Realität verdreht wurde. Achte auf die Muster in diesen Situationen. Wie fühlst du dich dabei? Wie haben sie Ihre Interaktionen mit anderen geprägt?

Das Vertrauen in sich selbst wiederherstellen

Jetzt, da Sie begonnen haben, die Anzeichen von Gaslighting zu erkennen, ist es an der Zeit, daran zu arbeiten, das Vertrauen in Ihre eigenen Wahrnehmungen und Gefühle wiederherzustellen. Das braucht Zeit, ist aber absolut möglich. Eine Möglichkeit, damit zu beginnen, besteht darin, Selbstbestätigung zu üben – deine Gefühle als real und gültig anzuerkennen, auch wenn andere sie nicht verstehen.

Übung: Schreibe jeden Tag eine Sache auf, die du an diesem Tag gefühlt oder erlebt hast. Schreiben Sie dann eine bestätigende Erklärung für sich selbst. Zum Beispiel: "Ich war frustriert, als meine Eltern meine Gefühle abgetan haben, und es ist in Ordnung für mich, mich so zu fühlen."

Das Erkennen und Anerkennen der eigenen Wahrheit ist einer der ersten Schritte zur Heilung von Gaslighting. Sie brauchen niemanden, der Ihre Erfahrungen bestätigt. Deine Gefühle sind wichtig, und sie sind real.

Gaslighting hinterlässt tiefe emotionale Narben, aber mit der Zeit und Selbstmitgefühl können Sie Ihren Realitätssinn und Ihre emotionale Stärke zurückgewinnen. Heilung von Gaslighting bedeutet, sich selbst wieder zu vertrauen – und das ist der erste Schritt, um sich von der Verwirrung und dem Schmerz zu befreien, die du so lange mit dir herumgetragen hast.

Sich trauern lassen

Trauer ist eine zutiefst persönliche Reise, und wenn es darum geht, die Kindheit zu betrauern, die man nie hatte, kann sich der Schmerz allumfassend anfühlen. Vielleicht hattest du nicht die Eltern, die so für dich da waren, wie du es gebraucht hättest. Vielleicht haben Sie sich verlassen, vernachlässigt oder in einem Kreislauf emotionaler Manipulation gefangen gefühlt. Und jetzt, als Erwachsener, steht man vor der schwierigen Realität, dass in der Kindheit etwas Wesentliches fehlte. Es ist ein tiefer Verlust, zu erkennen, dass die Liebe, Bestätigung und emotionale Sicherheit, die jedes Kind verdient, nie vollständig vorhanden war. Und es tut weh – manchmal auf eine Weise, die Worte nicht leicht erklären können. Wenn das bei dir Anklang findet, möchte ich damit beginnen, zu sagen: **Es ist in Ordnung zu trauern.** Tatsächlich ist Trauer nicht nur normal, sondern notwendig für deine Heilung.

Wie wichtig es ist, seine verlorene Kindheit zu betrauern

Wenn du mit einem narzisstischen Elternteil aufgewachsen bist, waren deine Bedürfnisse – emotional, physisch und psychisch – oft zweitrangig, wenn nicht sogar völlig ignoriert. Anstatt gesehen, bestätigt und geliebt zu werden für das, was du bist, wurde vielleicht von dir erwartet, dass du den emotionalen Bedürfnissen des narzisstischen Elternteils dienst. Dies hinterlässt eine tiefe Wunde, die sich wie ein Hohlraum in dir anfühlt – als ob etwas Wesentliches weggenommen wurde.

Bei der Trauer um die verlorene Kindheit geht es nicht darum, in der Vergangenheit zu verweilen oder sich zu wünschen, dass die Dinge anders gewesen wären. Es geht darum, die Wahrheit dessen, was du erlebt hast, anzuerkennen und dir selbst die Erlaubnis zu geben, den Verlust der fürsorglichen, sicheren und gesunden Kindheit zu betrauern, die deine hätte sein sollen. Trauer ermöglicht es dir, den emotionalen Schaden, der durch deine Erziehung verursacht wurde, zu verarbeiten und den Heilungsprozess zu beginnen. Es ist wichtig, sich daran zu erinnern, dass Trauer kein Zeichen von Schwäche ist, sondern ein Zeichen von Stärke. Es bedeutet, dass du die Realität deiner Erfahrung ehrst und dir erlaubst, zu heilen.

Die emotionalen Phasen der Trauer und wie sie sich zeigen

Trauer hat keinen klaren, linearen Weg. Es ist chaotisch, unvorhersehbar und kann unerwartete Wendungen nehmen. Und das ist in Ordnung. Es kann sein, dass du dich für eine Weile in einer Phase festgefahren fühlst, oder du hüpfst von einer Phase zur nächsten, oft ohne Vorwarnung. Es ist wichtig, die emotionalen Phasen der Trauer zu verstehen und zu verstehen, wie sie sich für Sie zeigen können, wenn Sie den Verlust Ihrer Kindheit verarbeiten:

- **Verleugnung**: Dies ist oft der erste Abwehrmechanismus. Vielleicht ertappst du dich dabei, wie du deine Erfahrungen herunterspielst, dir sagst, dass es anderen schlimmer ging, oder so tust, als gäbe es den emotionalen Schaden nicht. Vielleicht fragst du dich sogar, ob deine Gefühle "zu viel" sind. Aber die Wahrheit ist, dass deine Gefühle berechtigt sind. Diese Phase ist nur die Art und Weise, wie dein Verstand versucht, dich vor überwältigenden Schmerzen zu schützen.

- **Wut**: Es ist ganz natürlich, wütend zu sein, wenn man merkt, wie tief man verletzt wurde. Du könntest Wut auf deinen narzisstischen Elternteil empfinden, für das, was er nicht gegeben hat. Vielleicht verspürst du Wut auf dich selbst, weil du nicht in der Lage warst, die Situation zu "reparieren" oder weil du so lange gebraucht hast, um den angerichteten Schaden zu erkennen. Wut ist ein wichtiger Schritt, um dich selbst fühlen zu lassen, was so lange unterdrückt wurde.

- **Feilschen**: Diese Phase könnte so aussehen, als würden Sie versuchen, die Geschichte in Ihrem Kopf neu zu schreiben, und sich wünschen, Sie hätten besser sein oder etwas anderes machen können. Du fragst dich vielleicht: "Wenn ich nur gehorsamer gewesen wäre, wären die Dinge vielleicht anders gelaufen." Aber es ist wichtig, sich daran zu erinnern, dass du das Beste aus dem gemacht hast, was du hattest, und die Schuld liegt eindeutig bei der dysfunktionalen Dynamik, der du ausgesetzt warst, und nicht bei deinem Wert oder deinen Anstrengungen.

- **Depression**: Wenn du anfängst, dich der Realität dessen, was verloren gegangen ist, vollständig zu konfrontieren, kannst du eine Welle der Traurigkeit oder sogar Verzweiflung spüren. Das ist der Punkt, an dem sich die Schwere fast unerträglich anfühlen kann – wenn du merkst, wie tief dich die emotionale Vernachlässigung getroffen hat. Diese Phase ist ein natürlicher und notwendiger Teil der Trauer. Es ist die Art und Weise, wie dein Körper den Schmerz und die Trauer verarbeitet, an denen du festgehalten hast.

- **Akzeptanz**: Akzeptanz bedeutet nicht, dass du deine Vergangenheit "überwunden" hast. Es bedeutet, dass du dich damit abgefunden hast. Du verstehst, welche Rolle deine Erziehung dabei gespielt hat, wer du bist, aber du lässt dich nicht mehr von ihr kontrollieren oder definieren. Du hast begonnen zu heilen, und obwohl die Vergangenheit immer noch ein Teil deiner Geschichte ist, hat sie keine Macht mehr über deine Zukunft.

Deine Emotionen verarbeiten und ausdrücken

Es ist wichtig, sich selbst den Raum zu geben, diese Emotionen zu verarbeiten, anstatt sie zu unterdrücken. Deine Trauer anzuerkennen ist eines der mächtigsten Dinge, die du tun kannst, um voranzukommen. Hier sind einige Möglichkeiten, wie Sie beginnen können, diese tiefen Emotionen zu verarbeiten und auszudrücken:

- **Journaling**: Schreiben kann unglaublich kathartisch sein. Versuche, Briefe an dein jüngeres Ich zu schreiben oder Tagebuch darüber zu führen, wie sich die Trauer über den Verlust der Kindheit, die du verdient hast, in der Gegenwart anfühlt. Du könntest darüber schreiben, was du dir als Kind gewünscht hättest oder was dir zu Unrecht genommen wurde. Machen Sie sich keine Sorgen um die Struktur – lassen Sie einfach den Emotionen freien Lauf.

- **Therapie**: Die Arbeit mit einem Therapeuten kann Ihnen einen sicheren, unterstützenden Raum bieten, in dem Sie diese Emotionen ausdrücken und verarbeiten können. Ein Fachmann kann Ihnen helfen, Sie durch die Trauerphasen zu führen und Ihnen die Werkzeuge an die Hand zu geben, um Ihre Gefühle auf gesunde Weise zu steuern.

- **Kreative Ventile**: Kunst, Musik oder Bewegung können dir auch dabei helfen, Emotionen auszudrücken, die Worte allein nicht einfangen können. Wenn es dir schwer fällt, über deine Schmerzen zu sprechen, versuche, sie in etwas Körperliches zu stecken, wie Malen, Tanzen oder sogar Gartenarbeit.

Es ist in Ordnung, sich zu fühlen

Du hast vielleicht das Gefühl, dass es zu viel ist, um es zu tragen, oder dass deine Trauer dich irgendwie schwach macht. Aber ich möchte dich daran erinnern: Es ist in Ordnung, traurig, wütend oder verletzt zu sein über das, was du verpasst hast. Diese Emotionen machen dich nicht zerbrechlich; Sie machen dich menschlich. Trauer ist kein Zeichen davon, gebrochen zu sein. Es ist ein

Zeichen dafür, mutig genug zu sein, der Wahrheit ins Auge zu sehen und den Heilungsprozess zu beginnen.

Reflektierende Übung:

Nehmen Sie sich einen Moment Zeit und fragen Sie sich:

1. *Was habe ich als Kind verpasst?*

____

____

____

____

____

____

____

____

____

2. Was wünschte ich, meine Eltern hätten mir emotional geben können?

____

____

____

____

____

____

____

____

3. Wie fühle ich mich jetzt angesichts dieser unerfüllten Bedürfnisse?

____

____

____

____

____

____

____

____

Erlaube dir, zu fühlen, was auch immer hochkommt – es gibt keine falsche Antwort. Das Wichtigste ist, dass du anfängst, die Trauer anzuerkennen und die ersten Schritte zur Heilung zu unternehmen. Dieser Prozess ist nicht einfach, aber es lohnt sich. Du verdienst es, deinen Schmerz zu fühlen, deinen Verlust zu ehren und letztendlich Frieden zu finden.

Kapitel 3

Wie es deinen Verstand durcheinander gebracht hat

Hatten Sie jemals das Gefühl, eine Last zu tragen, die Sie nicht ganz erklären können? Ein Schweregefühl in der Brust, ein ständiges Summen der Angst oder ein tiefsitzendes Gefühl, dass etwas mit dir nicht stimmt, obwohl du nichts getan hast, um es zu verdienen? Wenn Sie nicken, sind Sie nicht allein. Viele erwachsene Kinder narzisstischer Eltern haben mit den emotionalen Nachwirkungen ihrer Erziehung zu kämpfen. Es ist, als würde man mit einem Schatten leben, der prägt, wie man sich selbst sieht, wie man mit anderen interagiert und wie man die Herausforderungen des Lebens meistert. Aber was genau ist dieses Gewicht? Und warum fühlt es sich an, als wäre es nie wirklich weg, egal wie sehr du versuchst, voranzukommen?

Die emotionale Landschaft, die von narzisstischen Eltern geprägt wird, ist oft ein wirres Durcheinander aus Schuld, Scham und Selbstzweifeln. Es geht nicht nur darum, das Gefühl zu haben, nie gut genug zu sein – obwohl das ein großer Teil davon ist –, es geht darum, das Gefühl *zu haben* , überhaupt nicht zu wissen, wer man ist. In einer Umgebung aufzuwachsen, in der Liebe an Bedingungen geknüpft war, basierend darauf, wie gut man die Bedürfnisse der Eltern erfüllen oder ihr Ego stärken konnte, hinterlässt tiefe emotionale Narben, die nicht immer leicht zu identifizieren sind. Du bleibst mit Gefühlen der Unzulänglichkeit, Verwirrung über deinen Wert und einem überwältigenden Gefühl von emotionalem Chaos zurück. Dieses Kapitel wird dir helfen, diese Gefühle zu verstehen und dir eine Grundlage zu geben, um zu verstehen, warum deine Emotionen schon immer so kompliziert waren.

Lassen Sie uns zunächst in die Emotionen eintauchen, die Sie möglicherweise mit sich herumtragen: **Schuld** und **Scham**. Wahrscheinlich kennst du sie gut – diese kleinen Stimmen in deinem Kopf, die dir sagen: "Es ist deine Schuld, dass etwas schief gelaufen ist" oder "Du bist nicht genug". Dies sind die anhaltenden Auswirkungen von emotionaler Manipulation, Gaslighting und der ungesunden Dynamik, die in einem narzisstischen Haushalt gedeihen kann. Narzisstische Eltern konditionieren ihre Kinder oft so, dass sie sich für ihr Verhalten verantwortlich fühlen, und lassen dich glauben, dass ihre Wut, Vernachlässigung oder ihr Mangel an Zuneigung irgendwie deine Schuld ist. Es ist nicht. Aber es ist so tief in dir verwurzelt, dass es sich wie Wahrheit anfühlen kann. Auch die Scham kann überwältigend sein. Wenn ein Elternteil dich ständig kritisiert oder untergräbt, ist es leicht, diese Botschaften zu verinnerlichen. "Ich bin nicht liebenswert", "Ich bin unwürdig", "Ich bin eine Enttäuschung" werden zu Glaubenssätzen, die du bis ins Erwachsenenalter mitträgst. Aber hier ist die Wahrheit: Keiner dieser Glaubenssätze ist dein – er wurde dir von jemandem gegeben, der eine Quelle der Liebe und Bestätigung hätte sein sollen.

Dann gibt es noch Gaslighting – eine Form der Manipulation, die dich an deiner eigenen Wahrnehmung der Realität zweifeln lässt. Mit einem narzisstischen

Elternteil aufzuwachsen bedeutet oft, dass deine Gefühle und Erfahrungen abgetan oder ganz entkräftet werden. Deine Emotionen werden herabgesetzt, oder noch schlimmer, du wirst glauben gemacht, dass das, was du gesehen, gehört oder gefühlt hast, überhaupt nicht passiert ist. Mit der Zeit fängst du an, deinen eigenen Verstand in Frage zu stellen, und fühlst dich, als wärst du in einer Welt gefangen, in der sich die Wahrheit ständig verschiebt.

All dies führt zu einer **Trauer** , die du vielleicht nie ganz anerkannt hast – die Trauer der Kindheit, die du nie hattest. Es ist die Trauer, sich nie vollständig gesehen oder geliebt zu fühlen, für das, was man war, immer zu versuchen, sich zu beweisen und zu versagen. Bei diesem Verlust geht es nicht nur darum, Zuneigung zu verpassen, sondern auch um die emotionale Unterstützung, Führung und Sicherheit, die jedes Kind verdient, aber in einem narzisstischen Zuhause selten erhält. Wenn du dir erlaubst, dass Trauer unglaublich heilsam sein kann – es ist der erste Schritt, um das emotionale Gewicht loszulassen, das dich niedergedrückt hat.

Am Ende dieses Kapitels werden wir uns genauer ansehen, dass diese emotionalen Kämpfe nicht nur zufällig sind – sie sind tief mit der Art und Weise verbunden, wie du erzogen wurdest. Dies zu verstehen, ist der Schlüssel zu deiner Heilungsreise. Es ist nicht deine Schuld, dass du dich so fühlst, aber es liegt in deiner Verantwortung, es zu verarbeiten und dein Leben zurückzuerobern. Die emotionalen Narben narzisstischer Erziehung sind tief, aber sie können heilen. In diesem Kapitel geht es nicht nur darum, den Schmerz zu benennen – es geht darum, dir die Klarheit und das Mitgefühl zu geben, die du brauchst, um den Heilungsprozess zu beginnen.

Wenn wir diese Gefühle von Schuld, Scham und Trauer erforschen, denke daran, dass sie dich nicht definieren. Sie sind Teil deiner Geschichte, aber sie dürfen nicht deine Zukunft schreiben. Gemeinsam werden wir lernen, diese Emotionen zu entwirren und den Frieden zurückzugewinnen, den Sie verdienen. Du bist bereits auf dem Weg der Heilung – einfach dadurch, dass du anerkennst, dass diese Gefühle existieren und dass sie dich nicht mehr kontrollieren müssen.

Wer bin ich wirklich?

Vielen erwachsenen Kindern von Narzissten ist diese Erfahrung nur allzu vertraut. Narzisstische Eltern haben eine Art, die Identität ihrer Kinder zu schmälern – oft ohne es zu wollen, aber dennoch mit verheerenden Auswirkungen. Sie tun dies durch ständige Kritik, unmögliche Standards und das Fehlen echter emotionaler Unterstützung. Im Laufe der Zeit kann dies zu einer tiefen Erosion des Selbstwertgefühls eines Kindes führen, so dass es unsicher ist, wer es wirklich ist, und Schwierigkeiten hat, seinen eigenen Gedanken und Gefühlen zu vertrauen.

Identitätsunterminierung durch Kritik und unrealistische Erwartungen

Mit einem narzisstischen Elternteil aufzuwachsen bedeutet, mit jemandem aufzuwachsen, der dich nicht als Individuum, sondern als Erweiterung seiner selbst sieht. Dies äußert sich oft in ständiger Kritik. Egal, wie sehr du dich bemühst oder wie viel Mühe du in etwas steckst, dein Bestes wird sich nie gut genug anfühlen. Ein narzisstischer Elternteil neigt dazu, die Messlatte unrealistisch hoch zu legen, mit Erwartungen, die mehr auf die Erfüllung der eigenen Bedürfnisse als auf das Erkennen der eigenen Fähigkeiten und Potenziale abzielen.

Wenn du so gelebt hast, weißt du, wie es sich anfühlt: das Gefühl, dass du immer zu kurz kommst. Vielleicht wurdest du nur gelobt, wenn du ihre Standards erfülltest, und selbst dann ging es mehr um ihren eigenen Stolz als um deine Leistungen. Wenn sie kritisierten, war das nicht konstruktiv – eher wie eine scharfe Erinnerung daran, dass man bestenfalls "okay" war, es aber immer besser machen konnte. Das kann verwirrend sein. Wie können Sie Ihrem eigenen Urteilsvermögen vertrauen, wenn es bei dem Feedback, das Sie erhalten, nie darum geht, wer Sie sind, sondern immer darum, wer Sie sein sollten?

Zu der ständigen Kritik kommt oft ein tiefgreifender Mangel an emotionaler Unterstützung. Ein narzisstischer Elternteil ist möglicherweise nicht in der Lage, echte Wärme oder Ermutigung anzubieten, weil er sich mehr auf seine eigenen Bedürfnisse und sein Image konzentriert als auf die Pflege Ihrer Gefühlswelt. Als Kind hast du dich vielleicht nach der Anerkennung deiner Eltern gesehnt, aber die Liebe war an Bedingungen geknüpft – wenn du ihre Erwartungen oder Wünsche nicht erfülltest, wurdest du mit Gleichgültigkeit oder schlimmer noch, mit Bestrafung konfrontiert. Diese Art der emotionalen Vernachlässigung führt dazu, dass sich Kinder unsichtbar fühlen, als ob ihre Bedürfnisse keine Rolle spielen. Im Laufe der Zeit fördert dies ein tiefes Gefühl der Unzulänglichkeit, das es schwierig macht, ein klares Verständnis davon zu entwickeln, wer man ist, abgesehen von den Rollen, die einem von anderen zugewiesen wurden.

Die Auswirkungen auf das Selbstwertgefühl und den Selbstwert

Wenn du von einem narzisstischen Elternteil aufgezogen wirst, ist dein Selbstwertgefühl oft an externe Bestätigung gebunden. Dieses ständige Bedürfnis nach Anerkennung und Bestätigung macht es schwierig, ein gesundes inneres Selbstgefühl zu entwickeln. Als Erwachsener suchst du vielleicht immer noch nach Bestätigung von anderen – sei es von romantischen Partnern, Freunden oder Kollegen. Vielleicht hast du das nagende Gefühl, dass du nie ganz "genug" bist, weil dein Wert als Kind immer daran gemessen wurde, wie du deine Eltern fühlen ließest oder wie sehr du dich an ihre Standards gehalten hast.

Die Wirkung auf Ihr Selbstwertgefühl ist tief und nachhaltig. Narzisstische Eltern erlauben ihren Kindern selten, ein Selbstgefühl zu entwickeln, das nicht auf ihrer Zustimmung oder Ablehnung basiert. Dies kann zu Gefühlen der Unzulänglichkeit und Verwirrung führen. Vielleicht hinterfragst du ständig deine eigenen Entscheidungen oder fühlst dich bei deinen Erfolgen wie ein Betrüger und fragst dich, ob du dir den Erfolg wirklich verdient hast oder ob alles nur Glück oder das Ergebnis externer Anerkennung ist. Wenn sich die Liebe deiner Eltern bedingt anfühlte, riss sie ein Loch in dein

Selbstwertgefühl – ein Loch, das du als Erwachsener vielleicht immer noch nur schwer füllen kannst.

Kampf mit der Selbstidentität im Erwachsenenalter

Als erwachsenes Kind eines Narzissten endet der Kampf um die Selbstidentität nicht, wenn du dein Zuhause verlässt. Tatsächlich wird es oft ausgeprägter, wenn du versuchst, dein Leben und deine Beziehungen außerhalb des Schattens narzisstischer Einflüsse aufzubauen. Es fällt Ihnen vielleicht schwer, selbstständig Entscheidungen zu treffen oder Ihren eigenen Instinkten zu vertrauen, weil Ihre Stimme in Ihrer Jugend oft zum Schweigen gebracht oder ignoriert wurde. Deine Gedanken und Gefühle wurden zugunsten der Bedürfnisse und Wünsche deiner Eltern verworfen. Wie kannst du wissen, wer du bist, wenn jahrelang von dir erwartet wurde, jemand anderes zu sein?

Diese Unsicherheit über Ihre Identität kann zu einem Kreislauf der Suche nach externer Bestätigung führen. Vielleicht suchst du in deinen Beziehungen, deiner Karriere oder deinem sozialen Leben nach Anerkennung und misst deinen Wert immer an den Meinungen anderer. Es kann sich so anfühlen, als würdest du ständig einem idealen Selbst nachjagen – einem Selbst, das die Erwartungen anderer besser widerspiegelt als deine eigenen. Die Angst vor Ablehnung oder Versagen kann zu Perfektionismus, Menschenzufriedenheit oder Übererfüllung führen, alles in dem Versuch, die Lücke zu füllen, die durch einen Mangel an Bestätigung in den ersten Jahren entstanden ist.

Aber dieses Streben nach Anerkennung lässt dich oft leer fühlen, als würdest du ständig nach etwas greifen, das einfach außerhalb deiner Reichweite liegt. Du fühlst dich vielleicht verloren oder verwirrt darüber, was dich wirklich glücklich oder erfüllt macht. Die Wahrheit ist, wenn deine Identität so lange von den Bedürfnissen anderer geprägt wurde, ist es unglaublich schwierig, herauszufinden, wer du zu deinen eigenen Bedingungen bist.

Reflexion über die eigene Reise

Nehmen Sie sich einen Moment Zeit, um über Ihre eigenen Erfahrungen nachzudenken. Wie wurde dein Selbstverständnis durch deine Erziehung geprägt? Suchst du die Anerkennung anderer oder stellst deinen Wert in Frage, wenn du nicht gelobt oder anerkannt wirst? Wie reagierst du, wenn deine Entscheidungen oder Gefühle in Frage gestellt werden? Fühlen Sie sich wohl dabei, Ihren Instinkten zu vertrauen, oder hinterfragen Sie sich oft?

Hier sind einige Fragen, die Ihnen helfen, Ihre eigene Selbstidentität zu erforschen:

1. ***Welche Botschaften hast du als Kind darüber erhalten, wer du bist?***

____

____

____

____

____

____

Haben deine Eltern deine Individualität gefeiert oder wurde von dir erwartet, dass du in eine bestimmte Form passt?

____

____

____

2. *Wie klingt dein innerer Dialog heute?*

____

____

____

____

____

____

Bist du kritisch mit dir selbst auf die gleiche Weise, wie es deine Eltern waren? Wie würde es sich anfühlen, freundlicher zu sich selbst zu sein?

____

____

____

____

3. **Wann warst du das letzte Mal stolz auf etwas, das du nur für dich getan hast?**

Nicht für die Anerkennung anderer, sondern weil es sich für dich richtig anfühlte.

4. *Was gibt Ihnen heute das Gefühl, "gesehen" oder bestätigt zu werden?*

____

____

____

____

____

____

____

Fällt es Ihnen schwer, sich ohne die Zustimmung eines anderen selbstbewusst zu fühlen?

____

____

____

Indem du über diese Fragen nachdenkst, kannst du beginnen, die Schichten von Zweifeln und Verwirrung zu entwirren, die sich im Laufe der Jahre aufgebaut haben. Zu verstehen, wie sich deine Erziehung auf dein Selbstwertgefühl ausgewirkt hat, ist der erste Schritt, um deine Identität zurückzugewinnen und zu akzeptieren, wer du wirklich bist, ohne das Gewicht vergangener Kritik oder das Bedürfnis nach externer Bestätigung.

Warum sich Beziehungen schwer anfühlen

Für viele erwachsene Kinder von Narzissten kann es sich anfühlen, gesunde Beziehungen aufzubauen und aufrechtzuerhalten, als würde man durch ein Labyrinth navigieren. Die emotionalen Narben, die narzisstische Erziehung hinterlässt, können es schwer machen, zu vertrauen, verletzlich zu sein und sich wirklich geliebt zu fühlen. Und was noch frustrierender ist, ist, dass du vielleicht nicht einmal ganz verstehst, warum sich Beziehungen so schwierig anfühlen oder warum du immer wieder ungesunde Muster wiederholst.

Lassen Sie uns zunächst in etwas eintauchen, **das Bindungstheorie genannt wird**. Die Bindungstheorie ist ein psychologischer Rahmen, der erklärt, wie wir emotionale Bindungen aufbauen und uns mit anderen verbinden, insbesondere in der Kindheit. Die Art und Weise, wie deine Eltern oder primären Bezugspersonen auf deine Bedürfnisse reagiert haben, prägt die Art und Weise, wie du im Erwachsenenalter mit anderen umgehen wirst. Dieses Bindungssystem spielt eine große Rolle in deinen Beziehungen im Laufe des Lebens – egal ob es sich um romantische Beziehungen, mit Freunden oder sogar mit Kollegen handelt.

Jetzt, wenn du mit einem narzisstischen Elternteil aufwächst, kann die Art und Weise, wie du dich an andere bindest, zutiefst beeinflusst werden. Narzisstische Eltern sind oft inkonsequent, emotional nicht verfügbar und auf ihre eigenen Bedürfnisse konzentriert, was dazu führt, dass sich ihre Kinder nicht unterstützt oder ungeliebt fühlen. Infolgedessen können Kinder von Narzissten **unsichere Bindungsstile entwickeln**, wie z. B. ängstliches oder vermeidendes Verhalten. Diese Bindungsstile können dich bis ins Erwachsenenalter begleiten und dazu führen, dass sich Beziehungen wie eine emotionale Achterbahnfahrt anfühlen.

- **Ängstliche Bindung**: Wenn du einen narzisstischen Elternteil hattest, suchst du vielleicht ständig nach Bestätigung und fürchtest dich vor dem Verlassenwerden. Du hast vielleicht das Gefühl, nie gut genug zu sein, und machst dir Sorgen, dass die Leute dich verlassen. Du denkst vielleicht zu viel über kleine Dinge nach, die dein Partner sagt oder tut, und fragst dich, ob du etwas falsch machst. Du kannst auch übermäßig anhänglich oder abhängig werden, da deine emotionalen Bedürfnisse in der Vergangenheit oft nicht erfüllt wurden.

- **Vermeidende Bindung**: Auf der anderen Seite entwickeln einige erwachsene Kinder von Narzissten einen vermeidenden Bindungsstil. Das kann so aussehen, dass man emotional abschaltet, Menschen wegstößt oder Angst vor Verletzlichkeit hat. Vielleicht fällt es dir schwer, dich anderen gegenüber zu öffnen, oder es fällt dir schwer, dich auf einer tiefen Ebene mit deinem Partner zu verbinden. Es gibt die Angst, zu nahe zu kommen, weil du gelernt hast, dich vor Verletzungen zu schützen.

Beide Bindungsstile – ob ängstlich oder vermeidend – stammen aus einer frühen Kindheit, in der Liebe bedingt, unvorhersehbar oder abwesend war. Das

Ergebnis? Schwierigkeiten, anderen zu vertrauen und als Erwachsene stabile, emotional erfüllende Beziehungen aufzubauen.

Emotionale Mauern und Abwehrmechanismen

Viele erwachsene Kinder von Narzissten bauen auch **emotionale Mauern** auf, um sich zu schützen. Denn wenn dein Elternteil emotional nicht verfügbar oder kritisch war, hast du gelernt, dass das Zeigen von Verletzlichkeit zu Ablehnung oder Verletzungen führen kann. Im Laufe der Zeit hast du vielleicht Wege gefunden, deine Gefühle auszublenden, um nicht noch einmal verletzt zu werden. Diese emotionalen Mauern sind wie ein Panzer, der es schwieriger macht, Menschen hereinzulassen.

Infolgedessen können Sie **Abwehrmechanismen entwickeln,** um mit schwierigen Emotionen oder der Angst, verletzt zu werden, umzugehen. Zu den gängigen Abwehrmaßnahmen gehören:

- **Menschengefälligkeit**: Du versuchst vielleicht ständig, andere glücklich zu machen, aus Angst vor Konflikten oder Ablehnung. Dieses Verhalten entspringt oft einer tiefen Angst, verlassen zu werden, da deine Bedürfnisse in der Kindheit oft ignoriert oder abgetan wurden.

- **Perfektionismus**: Der Versuch, perfekt zu sein, könnte deine Art sein, Anerkennung zu suchen oder zu versuchen, eine Situation zu kontrollieren, um Kritik zu vermeiden. In der Kindheit wurdest du vielleicht von deinem narzisstischen Elternteil an unmögliche Standards gehalten, und jetzt hast du das Gefühl, dass du abgelehnt wirst, wenn du nicht alles richtig machst.

- **Emotionale Taubheit**: In dem Bemühen, dich vor den überwältigenden Emotionen zu schützen, die mit einer tiefen Verbundenheit einhergehen, könntest du dich dabei ertappen, wie du deine Gefühle ganz ausschaltest. Diese Taubheit kann dazu führen, dass du dich distanziert fühlst, selbst in Beziehungen, in denen du dir nahe sein möchtest.

Diese Abwehrmechanismen sind die Art und Weise, wie Ihr Gehirn mit vergangenen Traumata umgeht, aber sie schaffen oft Barrieren für den Aufbau echter, vertrauensvoller Verbindungen zu anderen. Sie mögen dir kurzfristig ein Gefühl der Sicherheit geben, aber auf lange Sicht können sie dich daran hindern, die tiefen, bedeutungsvollen Beziehungen zu haben, die du verdienst.

Die Kämpfe um Vertrauen, Intimität und emotionale Bindung

Wenn man in einem Umfeld aufgewachsen ist, in dem emotionale Bedürfnisse vernachlässigt oder entkräftet wurden, ist es nicht verwunderlich, dass Vertrauen zu einem wichtigen Thema wird. **Angst vor Intimität** entsteht oft, weil es riskant oder sogar gefährlich sein kann, emotional verletzlich zu sein. Jemanden dein wahres Selbst sehen zu lassen, kann tiefe Ängste vor Ablehnung oder Verrat schüren, Ängste, die sich wahrscheinlich aus deinen Erfahrungen mit deinem narzisstischen Elternteil entwickelt haben.

Darüber hinaus kann **die Schwierigkeit, anderen zu vertrauen,** eine der am schwersten zu überwindenden Hürden sein. Wenn deine Eltern dir das Gefühl geben, dass du dich nie auf sie verlassen kannst, ist es verständlich, dass du dieses Misstrauen in andere Beziehungen trägst. Du könntest die Motive anderer hinterfragen oder dich ständig fragen, ob dich jemand verletzen wird, auch wenn er keine Anzeichen dafür gezeigt hat. Dieses Misstrauen kann zu Reibungen und Unsicherheit in Beziehungen führen, was es dir schwer macht, wahre Intimität zu erleben.

Ein weiteres häufiges Problem ist die Tendenz, entweder **zu viel** in Beziehungen zu investieren oder sich ganz **zurückzuziehen.** Wenn du Ablehnung oder emotionale Vernachlässigung erlebt hast, überkompensierst du entweder, indem du dir zu viel

Mühe gibst, anderen zu gefallen, oder du wirst emotional distanziert, um dich vor zukünftigen Verletzungen zu schützen. Diese Extreme können zu Spannungen in Beziehungen führen und es dir schwer machen, ein Gleichgewicht zu finden.

Strategien zur Heilung und zum Aufbau gesünderer Beziehungen

Was können Sie also tun, um diese Bindungswunden zu heilen und gesündere Beziehungen aufzubauen?

1. **Erkennen Sie Ihren Bindungsstil**: Der erste Schritt ist das Bewusstsein. Indem du deinen Bindungsstil verstehst (ob ängstlich, vermeidend oder irgendwo dazwischen), kannst du beginnen, die Muster zu erkennen, die dich in Beziehungen zurückgehalten haben. Achte auf deine Reaktionen in Beziehungen – wirst du übermäßig anhänglich oder schaltest du emotional ab?

2. **Fange an, Verletzlichkeit zu üben**: Es wird sich anfangs unangenehm anfühlen, aber sich vertrauenswürdigen Menschen zu öffnen, ist eine der besten Möglichkeiten, um mit der Heilung zu beginnen. Verletzlichkeit ist das Gegenmittel gegen emotionale Mauern. Fangen Sie klein an – teilen Sie eine Angst, eine Hoffnung oder einen

persönlichen Traum mit jemandem, dem Sie vertrauen. Nach und nach wirst du die Muskeln der Intimität aufbauen.

3. **Fordern Sie negative Glaubenssätze über sich selbst heraus**: Viele erwachsene Kinder von Narzissten haben mit einem geringen Selbstwertgefühl zu kämpfen. Erinnere dich daran, dass du Liebe und Respekt wert bist, so wie du bist. Übe dich in Selbstmitgefühl und konfrontiere dich mit den negativen Selbstgesprächen, die dir sagen, dass du nicht genug bist.

4. **Setzen Sie gesunde Grenzen**: Wenn Ihre Beziehungen von Menschengefälligkeit oder emotionaler Verstrickung geprägt sind, ist es wichtig zu lernen, Grenzen zu setzen. Bei Grenzen geht es nicht darum, Menschen auszuschließen; Es geht darum, Ihre Bedürfnisse zu respektieren und Raum für gesunde Interaktionen zu schaffen.

5. **Suchen Sie sich eine Therapie oder Unterstützung**: Die Heilung von narzisstischem Missbrauch erfordert oft Hilfe von außen. Eine Therapie kann einen sicheren Raum bieten, um Ihre Gefühle auszupacken, ungelöste Traumata anzugehen und gesündere Beziehungsmuster zu entwickeln. Selbsthilfegruppen oder

vertrauenswürdige Freunde können Ihnen auch helfen, sich auf Ihrem Weg weniger allein zu fühlen.

Beziehungen mögen sich schwer anfühlen, aber mit Verständnis, Selbsterkenntnis und Heilung kannst du das Vertrauen und die Verbindung aufbauen, die einst unmöglich schienen. Es geht nicht um Perfektion – es geht um Fortschritt und darum, sich selbst die Erlaubnis zu geben, zu wachsen. Du verdienst tiefe, erfüllende Beziehungen, und mit Zeit und Mühe kannst du das Wirklichkeit werden lassen.

Bewältigungsmechanismen, für die Sie sich nicht angemeldet haben

Mit einem narzisstischen Elternteil aufzuwachsen ist nicht nur im Moment eine Herausforderung – es prägt, wie du dich selbst siehst und mit der Welt umgehst, lange nachdem du dein Zuhause verlassen hast. Eine der häufigsten, aber unsichtbaren Arten, wie dies geschieht, sind die Bewältigungsmechanismen, die Sie entwickeln.

Diese Verhaltensweisen, die oft in der Kindheit als Überlebensstrategien geformt wurden, können sich wie eine zweite Natur anfühlen. Aber hier ist der Haken: Du hast sie nicht bewusst ausgewählt. Es waren keine Entscheidungen, die in Ihrem besten Interesse getroffen wurden. Stattdessen waren sie Möglichkeiten, sich in einem Umfeld zurechtzufinden, das emotional unvorhersehbar war und in dem Ihre Bedürfnisse oft übersehen oder sogar ungültig gemacht wurden.

Wie diese Bewältigungsmechanismen entstehen

Als Kind besteht deine Hauptaufgabe darin, dich sicher, geliebt und akzeptiert zu fühlen. Aber wenn deine Eltern narzisstisch sind, bleiben diese Bedürfnisse oft unerfüllt. Narzisstische Eltern können fordernd, emotional distanziert oder übermäßig kritisch sein. Infolgedessen hast du vielleicht bestimmte Verhaltensmuster entwickelt, um zu überleben – solche, die dir zwar geholfen haben, das damalige Chaos zu bewältigen, dir aber als Erwachsener nicht immer nützlich sind.

Diese Verhaltensweisen verfestigen sich im Laufe der Zeit. Ob du dir dessen bewusst bist oder nicht, sie zeigen sich in deinen Beziehungen, deiner Karriere und deinem persönlichen Selbstwertgefühl. Es ist wichtig zu verstehen, dass diese Bewältigungsmechanismen nie Ihre Schuld waren. Du hast einfach versucht, auf die beste Art und Weise durchs Leben zu kommen, die du unter den gegebenen Umständen konntest. Aber die Wahrheit ist, dass diese Mechanismen zwar schützend wirken, aber oft ungesund sind und zu anhaltenden Kämpfen wie Burnout, emotionaler Überforderung und chronischer Unzufriedenheit führen können.

Gemeinsame Bewältigungsmechanismen und ihre Auswirkungen

Schauen wir uns drei der häufigsten Bewältigungsmechanismen an, die Kinder von Narzissten entwickeln: **Menschengefälligkeit**, **Perfektionismus** und **Konfliktvermeidung**. Diese Verhaltensweisen fühlen sich oft wie der einzige Weg an, um in einer Welt zu überleben, die keine bedingungslose Unterstützung bietet.

1. Menschen gefallen

Den Menschen zu gefallen ist vielleicht die heimtückischste der Bewältigungsstrategien, weil sie oberflächlich betrachtet so sozial akzeptabel aussehen kann. Als Kind eines Narzissten hast du vielleicht schon früh gelernt, dass du den Menschen um dich herum gefallen musst, um Liebe, Aufmerksamkeit oder sogar grundlegende emotionale Bestätigung zu erhalten. Vielleicht war es alles, was nötig war, um deine Eltern glücklich zu machen, auch wenn das bedeutete, deine eigenen Wünsche oder dein Wohlbefinden zu opfern.

Als Erwachsener kann dies bedeuten, dass du immer "Ja" zu anderen sagst, auch wenn du dich überfordert oder verärgert fühlst. Es kann sein, dass Sie mehr Verantwortung übernehmen, als Sie bewältigen können, ständig nach Anerkennung suchen oder Konflikte um jeden Preis vermeiden. Nach außen hin mögen dich die Leute als zuvorkommend oder großzügig ansehen, aber innerlich bist du oft leer.

Nachteil: Der emotionale Preis dafür, Menschen zufrieden zu stellen, ist hoch. Du fühlst dich vielleicht erschöpft, nicht wertgeschätzt oder sogar verärgert, wenn deine Bedürfnisse ignoriert werden. Im Laufe der Zeit kann es zu Burnout, Angstzuständen und dem Gefühl führen, unsichtbar oder unterschätzt zu sein.

Szenario: Sie werden gebeten, ein Projekt bei der Arbeit zu übernehmen, obwohl Ihr Teller bereits voll ist. Ohne zu zögern stimmen Sie zu, weil Sie niemanden enttäuschen wollen. Später bist du frustriert, weil du zu dünn bist, aber du hast zu viel Angst, darüber zu sprechen, aus Angst vor Verurteilung oder Ablehnung.

2. Perfektionismus

Perfektionismus entsteht oft als Verteidigung gegen die ständige Kritik, die mit narzisstischer Erziehung einhergeht. In einem Umfeld, in dem nichts gut genug ist, schien das Streben nach Perfektion der einzige Weg zu sein, um Lob zu verdienen oder Ablehnung zu vermeiden. Dieses Bedürfnis, makellos zu sein, kann Sie bis ins Erwachsenenalter begleiten.

Als Perfektionist stellst du vielleicht unrealistische Erwartungen an dich selbst und glaubst, dass alles, was nicht perfekt ist, zum Scheitern oder zur Kritik führt. Du verbringst vielleicht übermäßig viel Zeit mit Aufgaben, überprüfst ständig deine Arbeit und überdenkst jede Entscheidung, weil sich die Vorstellung, einen Fehler zu machen, beängstigend anfühlt.

Nachteil: Perfektionismus mag zwar wie ein Weg erscheinen, um Kontrolle oder Bestätigung zu erlangen, aber er geht oft nach hinten los. Es kann zu chronischer Unzufriedenheit führen, da man nie in der Lage ist, seinen eigenen unglaublich hohen Ansprüchen gerecht zu werden. Es hindert dich auch daran, das Leben zu genießen oder Risiken einzugehen, weil die Angst vor dem Scheitern lähmend ist.

Szenario: Sie verbringen Stunden damit, einen Bericht für die Arbeit vorzubereiten und sich über jedes Detail Gedanken zu machen. Wenn es endlich eingereicht wird, ist es perfekt gemacht – aber man hat immer noch das Gefühl, dass es nicht gut genug ist. Du kritisierst dich selbst für kleine Dinge, die niemand sonst bemerken würde, und dein Stresslevel schießt in die Höhe.

3. Konfliktvermeidung

In einem Zuhause, in dem die Emotionen unberechenbar oder explosiv waren, wurde die Konfliktvermeidung zu einem Überlebensmechanismus. Du hast vielleicht gelernt, dass der beste Weg, den Frieden zu wahren, darin besteht, still zu bleiben, deine Gefühle für dich zu behalten oder einfach dem zu folgen, was dein narzisstischer Elternteil wollte.

Als Erwachsener kann sich dies in einer tiefen Angst vor Konfrontation äußern. Du könntest alles tun, um Meinungsverschiedenheiten zu vermeiden, auch wenn das bedeutet, deine eigenen Bedürfnisse oder Gefühle zu unterdrücken. Der Gedanke an einen Konflikt kann intensive Ängste auslösen, die es Ihnen schwer machen, sich in Beziehungen oder bei der Arbeit durchzusetzen.

Nachteil: Das Vermeiden von Konflikten mag die Dinge vorübergehend ruhig halten, aber es hindert Sie daran, echte Probleme anzugehen. Im Laufe der Zeit kann dies zu aufgestauter Frustration, ungelösten Ressentiments und sogar passiv-aggressivem Verhalten führen. Vielleicht fühlst du dich auch, als würdest du auf Eierschalen laufen und versuchst ständig, die Emotionen anderer nicht auszulösen.

Szenario: Dein Partner fragt dich nach den Plänen für das Wochenende, aber du bist zu müde, um auszugehen.

Anstatt zu sagen, dass du eine Pause brauchst, stimmst du zu, zu gehen, weil du weißt, dass du danach erschöpft sein wirst. Später bist du frustriert über dich selbst, weil du nicht den Mund aufgemacht hast, aber du hast Angst, das Boot ins Wanken zu bringen.

Reflektierende Übung

Erkennen der eigenen Bewältigungsmechanismen

1. Schauen Sie sich Ihre Verhaltensmuster an:

Nehmen Sie sich einen Moment Zeit, um darüber nachzudenken, wie Sie normalerweise in Stresssituationen reagieren. Sind Sie schnell dabei, anderen zu gefallen, auch wenn das bedeutet, Ihre eigenen Bedürfnisse zu vernachlässigen? Bereiten Sie sich auf Perfektion vor, nur um von den Ergebnissen enttäuscht zu sein? Vermeidest du Konfrontation um jeden Preis, auch wenn das bedeutet, deine wahren Gefühle zu unterdrücken?

2. Benennen Sie Ihre Bewältigungsstrategien:

Schreibe die Bewältigungsstrategien auf, die in deinem Leben am häufigsten aufzutauchen scheinen. Den Menschen gefallen? Perfektionismus? Konfliktvermeidung? Andere? Seien Sie ehrlich zu sich selbst und geben Sie jedem Verhalten einen Namen. Zu verstehen, was sie sind, ist der erste Schritt, um sie zu verändern.

3. Hinterfragen Sie diese Verhaltensweisen:

Fragen Sie sich: Wie fühle ich mich durch diese Verhaltensweisen auf lange Sicht? Helfen sie mir, sinnvolle Verbindungen aufzubauen, oder lassen sie mich einfach nur ausgelaugt und verärgert zurück? Achten Sie auf Muster und denken Sie über gesündere Wege nach, um mit Stress oder emotionalen Auslösern umzugehen. Wie würde es zum Beispiel aussehen, in einer Situation, in der Sie normalerweise Konflikte vermeiden, Ihre Stimme zu erheben? Wie könntest du eine Grenze setzen, anstatt dich zu überfordern?

Bei der Heilung geht es nicht darum, diese Bewältigungsmechanismen über Nacht zu beseitigen; Es geht darum, sie zu erkennen und zu lernen, gesündere Alternativen zu wählen. Wenn du dir bewusst wirst, wie sich diese Strategien in deinem Leben zeigen, kannst du beginnen, bewusst neue Wege zu wählen, um mit Stress, Beziehungen und deinen eigenen Emotionen umzugehen.

Indem du diese Überlebensstrategien anerkennst, machst du den ersten Schritt, um dich aus ihrem Griff zu befreien. Mit Zeit, Selbstmitgefühl und Übung kannst du dich zu gesünderen, ausgewogeneren

Bewältigungsmethoden bewegen. Das Ziel ist nicht Perfektion, sondern Fortschritt – zu lernen, auf eine Weise zu leben, die dein wahres Selbst ehrt und dein Wohlbefinden unterstützt.

Nenne drei Gründe, wie deine Erziehung deine Sicht auf dich selbst und deine Beziehungen geprägt hat. Gelten sie für Sie heute noch?

____

____

____

____

____

____

____

____

____

AUSBRECHEN AUS ALTEN MUSTERN

Holen Sie sich Ihre Macht zurück, Schritt für Schritt

Kapitel 4

Erkennen Sie die Muster, die Sie zurückhalten

Für viele erwachsene Kinder von Narzissten ist dies eine häufige Erfahrung. Vielleicht merkst du nicht einmal, dass die Wurzeln deiner Selbstzweifel, deiner Angst, Fehler zu machen, oder deines Bedürfnisses nach ständiger Anerkennung in der Kindheit gepflanzt wurden, geprägt von den Verhaltensweisen und Erwartungen deines narzisstischen Elternteils. Diese subtilen, fast unsichtbaren Muster wurden über Jahre hinweg absorbiert und beeinflussen die Art und Weise, wie du dich selbst siehst und wie du in alltäglichen Situationen reagierst. Es ist nicht deine Schuld, aber das

Erkennen dieser Muster ist der erste Schritt, um dich zu befreien.

In diesem Kapitel geht es darum, Ihnen zu helfen, diese Muster aufzudecken. Wenn du weiterliest, erhältst du einen Einblick, wie deine Erziehung so viele deiner Entscheidungen und Reaktionen als Erwachsener im Stillen diktiert hat. Narzisstische Eltern haben oft die Eigenschaft, ihren Kindern das Gefühl zu geben, für ihre Emotionen verantwortlich zu sein, Perfektion zu verlangen oder sie so zu manipulieren, dass sie glauben, dass ihr Wert davon abhängt, wie viel sie geben. Diese Verhaltensweisen waren vielleicht nicht offensichtlich, als Sie ein Kind waren, aber sie haben Ihre emotionalen Reaktionen und Entscheidungsprozesse tiefgreifend geprägt.

Das Verständnis dieser Muster ist nicht nur wichtig für deine emotionale Klarheit – es ist wichtig für deine Heilung. Je mehr du erkennst, wie die Vergangenheit deine Gegenwart beeinflusst, desto mehr Macht hast du, sie zu verändern. Dieses Kapitel gibt Ihnen praktische Werkzeuge an die Hand, die Ihnen helfen, Ihre emotionalen Auslöser zu identifizieren, zu verstehen, warum Sie sich in bestimmten Situationen klein oder hilflos fühlen, und zu lernen, wie Sie aus den Mustern ausbrechen können, die Sie so lange zurückgehalten haben.

Ich weiß, das mag sich überwältigend anfühlen. Wenn du erkennst, wie du von deinem narzisstischen Elternteil geformt wurdest, kann das einige schwierige Emotionen hervorrufen – Schuld, Wut oder sogar Traurigkeit. Aber seien Sie sich bewusst: Damit sind Sie nicht allein. Es ist völlig normal, dass sich dieser Prozess anfangs unangenehm anfühlt, aber er ist auch unglaublich befreiend. Indem du diese Muster aufdeckst, machst du den ersten und wichtigsten Schritt zur Heilung und zur Schaffung eines Lebens, das authentisch dir gehört.

Dieses Kapitel wird Sie sanft durch den Prozess des Erkennens und Verstehens der toxischen Muster führen, die Ihr Leben geprägt haben. Mit jeder Seite wirst du mehr von deiner Wahrheit aufdecken, und mit dieser Wahrheit kommt die Kraft zu heilen. Mit diesem Buch haben Sie bereits einen mutigen Schritt getan – lassen Sie uns nun gemeinsam den nächsten Schritt gehen, ein Muster nach dem anderen.

Warum du tust, was du tust

Vielleicht kennen Sie dieses Gefühl: Sie sind bei der Arbeit und Ihr Chef bittet Sie, eine Aufgabe zu übernehmen, die außerhalb Ihrer üblichen Aufgaben liegt. Es ist etwas, das sich überwältigend anfühlt, und tief in dir bist du unsicher, ob du damit umgehen kannst. Aber anstatt Ihre Bedenken zu äußern, stimmen Sie sofort zu und versuchen, selbstbewusst und fähig zu erscheinen. Innerlich bist du ängstlich, hast Angst, zu versagen, und fragst dich, ob du gut genug bist. Doch nach außen hin schiebst du diese Gedanken beiseite und nimmst die Herausforderung an, in der Hoffnung, Bestätigung oder Anerkennung zu erhalten. Es ist ein Muster, das viele erwachsene Kinder narzisstischer Eltern gut kennen. Ob bei der Arbeit, in Beziehungen oder im täglichen Leben, die Tendenz, es anderen recht zu machen und jede Form von Konflikten zu vermeiden, kann tief verwurzelt sein.

Für viele von uns begann dieses Muster bereits in der Kindheit. Wenn man in einem narzisstischen Haushalt aufwuchs, war Anerkennung oft ein seltenes Gut — etwas, das man sich verdienen musste, manchmal unter großen persönlichen Kosten. Die Vorstellung, akzeptiert oder geliebt zu werden, war daran gebunden, die Bedürfnisse anderer zu erfüllen, oft auf Kosten der eigenen. Das bedeutete, dein wahres Selbst zu unterdrücken, dein Verhalten so zu ändern, dass es dem entsprach, was deine Eltern wollten, und dir ständig Sorgen über ihre Reaktion zu machen. Im Laufe der Zeit wurden diese Überlebensmechanismen —

Menschengefälligkeit, Perfektionismus und die Angst vor Konflikten – zur zweiten Natur und trugen dich durch eine Kindheit voller emotionaler Minenfelder. Leider können diese Muster, obwohl sie Ihnen einst geholfen haben, sich in einem volatilen Umfeld zurechtzufinden, Sie jetzt davon abhalten, Ihr Leben als Erwachsener voll und ganz zu leben.

Als Kind eines Narzissten bist du wahrscheinlich in einer Umgebung aufgewachsen, in der Liebe und Aufmerksamkeit an Bedingungen geknüpft waren. Dein Wert wurde dadurch bestimmt, wie gut du die Bedürfnisse deiner Eltern erfüllen, ihre Erwartungen erfüllen und vermeiden konntest, ihren Ärger oder ihre Enttäuschung auszulösen. Du hast schnell gelernt, dass Anerkennung und Liebe rar waren, und es lag an dir, dafür zu sorgen, dass du sie dir verdient hast. Leider bedeutete dies, dass du lernen musstest, dich selbst zu schrumpfen, deine Identität um das herum zu formen, was deine Eltern von dir wollten, um gesehen und akzeptiert zu werden. Die ständige Angst vor Ablehnung, der Druck, perfekt zu sein, und die Notwendigkeit, den Frieden um jeden Preis zu wahren, wurden Teil deines Überlebenswerkzeugs.

Aber hier ist der knifflige Teil: Diese Gewohnheiten, die dir einst geholfen haben, den Sturm der narzisstischen Elternschaft zu bewältigen, halten dich jetzt davon ab, dein Leben als Erwachsener voll und ganz zu leben. Vielleicht steckst du in einer Schleife fest – du sagst Ja zu Dingen, die du nicht tun willst, vermeidest Konflikte, auch wenn sie dich verletzen, oder strebst ständig nach Perfektion in einer Welt, in der nichts jemals "gut genug" ist. Diese tief verwurzelten Verhaltensweisen dienen dir nicht mehr auf gesunde Weise und können dich davon abhalten, in die Fülle dessen einzutreten, was du sein sollst.

Lassen Sie uns einige dieser Verhaltensweisen genauer untersuchen.

Den Menschen gefallen: Der nicht enden wollende Kampf um Anerkennung

Als Kind hast du vielleicht gelernt, dass der einzige Weg, die Aufmerksamkeit, Zuneigung oder sogar Anerkennung deiner Eltern zu bekommen, darin besteht, ihnen zu gefallen. Das bedeutete, die eigenen Bedürfnisse und Wünsche zu unterdrücken, um ihren eigenen gerecht zu werden. Wenn du etwas falsch gemacht hast, wurdest du wahrscheinlich mit Kritik konfrontiert, also hast du schnell gelernt, das Boot nicht ins Wanken zu bringen. Im Erwachsenenalter zeigt sich dies oft als ständiges Bedürfnis, anderen zu gefallen, auch auf eigene Kosten. Du könntest dich bei der Arbeit zu sehr verpflichten, zu jeder Bitte von Familie oder

Freunden Ja sagen und dich schuldig fühlen, wenn du nicht für jeden alles sein kannst.

Aber hier ist die Wahrheit: Den Menschen zu gefallen, bringt dir nicht wirklich die Bestätigung, die du suchst. Es hält dich in einem Kreislauf der Suche nach externer Anerkennung gefangen, weil du nie gelernt hast, dich selbst zu bestätigen. Mit der Zeit führt dies dazu, dass du dich ausgelaugt, verärgert und von deinen eigenen Bedürfnissen abgekoppelt fühlst.

Angst vor Konflikten: Die Perfektion der Vermeidung

In einem narzisstischen Haushalt waren Konflikte gefährlich. Dein narzisstischer Elternteil hat vielleicht kleinere Meinungsverschiedenheiten zu explosiven Auseinandersetzungen eskaliert oder dich dafür bestraft, dass du für dich selbst eingestanden bist. Die Angst vor Konflikten wird zu einem erlernten Verhalten, das man bis ins Erwachsenenalter mitnimmt. Selbst wenn du es mit einem gesunden, respektvollen Partner oder Freund zu tun hast, kann dich die Angst vor Konfrontation lähmen, sodass du notwendige Diskussionen vermeidest oder Dinge unter den Teppich kehrst. Vielleicht unterdrückst du deine eigene Meinung oder vermeidest es, Menschen zu konfrontieren, wenn etwas nicht in Ordnung ist – weil du tief in deinem Inneren Angst vor den Folgen hast.

Das Problem dabei ist, dass die Vermeidung von Konflikten nichts löst – sie lässt Probleme nur unter der Oberfläche schwelen. Die Unfähigkeit, deine Gedanken oder Gefühle auszudrücken, kann dazu führen, dass du dich ungehört, ungesehen und letztendlich unzufrieden in deinen Beziehungen fühlst.

Perfektionismus: Das Bedürfnis, "perfekt" zu sein, um geliebt zu werden

Perfektionismus geht oft Hand in Hand mit narzisstischer Erziehung. Als du aufgewachsen bist, wurde dir vielleicht gesagt, dass du nicht gut genug bist, wenn du nicht auf einem bestimmten Niveau bist – sei es in Bezug auf Noten, Aussehen, Verhalten oder auf andere Weise. Dies schuf den unterschwelligen Glauben, dass Liebe und Anerkennung nur möglich sind, wenn man perfekt ist oder zumindest nach außen hin perfekt erscheint. Als Erwachsener kann sich dies als obsessives Bedürfnis zeigen, alles fehlerfrei zu machen, sich ständig selbst zu hinterfragen und sich über vernünftige Grenzen hinaus zu pushen.

Das Problem mit Perfektionismus ist, dass es unmöglich ist, ihm gerecht zu werden. Niemand kann die ganze Zeit perfekt sein, und doch strebst du nach diesem unerreichbaren Ziel, was dich erschöpft, frustriert und ständig das Gefühl hat, dass du zu kurz kommst.

Das Bedürfnis nach Validierung: eine nie füllende Lücke

Von klein auf wurdest du darauf konditioniert, Bestätigung von anderen zu suchen. Egal, ob es die Anerkennung deiner Eltern, das Lob für deine Leistungen oder die Anerkennung dafür war, dass du "gut" warst, dein Selbstwertgefühl wurde damit verwoben, wie andere dich wahrnahmen. Das kann es unglaublich schwierig machen, sich sicher zu fühlen, wer man ist, ohne ständige Bestätigung von anderen. Im Erwachsenenalter kann sich der Wunsch nach Bestätigung in ungesunden Beziehungen zeigen, in Jobs bleiben, in denen du dich nicht wertgeschätzt fühlst, oder ständig versuchen, die Anerkennung deiner Mitmenschen zu gewinnen.

Aber wahre Bestätigung kommt von innen. Wenn du ständig nach äußerer Bestätigung suchst, gibst du deine Macht an andere ab. Zu lernen, sich selbst zu validieren, unabhängig von externen Quellen, ist der Schlüssel, um sich von diesem Muster zu befreien.

Reflektierende Fragen, die Ihnen helfen, tiefer zu graben:

1. Erwischst du dich dabei, dass du Dingen zustimmst, die du nicht tun willst, nur um den Frieden zu wahren? Wie fühlst du dich danach?

____

____

____

____

____

____

2. Was ist Ihre typische Reaktion, wenn es eine Meinungsverschiedenheit gibt? Meiden Sie es, kehren Sie es unter den Teppich oder konfrontieren Sie es frontal?

____

____

____

____

3. Was sind die Bereiche in deinem Leben, in denen du das Gefühl hast, perfekt sein zu müssen? Wie wirkt sich das auf Ihren Seelenfrieden und Ihre Beziehungen aus?

4. Wie oft suchen Sie die Anerkennung anderer? Wie würde es für dich aussehen, dich selbst zu bestätigen, unabhängig von Meinungen von außen?

Indem du über diese Fragen nachdenkst, wirst du anfangen zu erkennen, woher diese tief verwurzelten Gewohnheiten und Überzeugungen stammen. Das Ziel ist nicht, dich dafür zu schämen, dass du sie hast – diese Verhaltensweisen haben dich als Kind sicher gemacht, aber sie dienen dir im Erwachsenenalter nicht mehr. Wenn Sie verstehen, woher sie kommen, können Sie damit beginnen, diese alten Muster zu entwirren und Platz für gesündere, authentischere Lebensweisen zu schaffen.

Die vor dir liegende Reise mag nicht immer einfach sein, aber zu erkennen, warum du tust, was du tust, ist der erste Schritt, um dich von der Vergangenheit zu befreien und eine Zukunft aufzubauen, in der sich alles um *dich dreht* – und nicht um die Version von dir selbst, die von den Bedürfnissen anderer geprägt ist.

Probleme auslösen

Du sitzt bei der Arbeit und versuchst, einen normalen Tag zu überstehen. Es war ein arbeitsreicher Morgen, aber die Dinge beginnen sich zu beruhigen. Dann erhalten Sie eine E-Mail von Ihrem Chef. Auf den ersten Blick scheint es sich um eine einfache Anfrage nach einem Update zu einem Projekt zu handeln, nichts Außergewöhnliches. Aber irgendetwas am Ton stört dich. Es fühlt sich kritisch an, als würde man subtil beurteilt oder gescholten, obwohl die Worte selbst mild sind. Plötzlich beginnt dein Herz zu rasen, deine Hände fühlen sich klamm an, und ehe du dich versiehst, wirst du von Emotionen überwältigt, die scheinbar aus dem Nichts kommen. In diesem Moment merkt man, dass es nicht nur um die E-Mail geht – sie ist ein Auslöser. Dieses Gefühl, diese Bauchreaktion, bringt dich zurück an einen Ort der Vergangenheit, an dem alte Wunden wieder auftauchen, auch wenn du versuchst, weiterzumachen.

Es ist nicht nur eine einfache E-Mail. Es ist ein Auslöser. Und ehe man sich versieht, öffnen sich die Schleusen. Du wirst von einer Welle alter Emotionen getroffen – Scham, Schuld und Unzulänglichkeit. Du spürst diesen vertrauten Knoten in deinem Bauch, als hättest du jemanden enttäuscht, den du nicht ganz zufrieden stellen kannst. Die Reaktion scheint nicht zur Situation zu passen, aber das liegt in der Natur von Auslösern. Sie ziehen dich zurück in einen emotionalen Moment aus deiner Vergangenheit, den du oft nicht ganz verstehst.

Was sind emotionale Auslöser und Flashbacks?

Ein emotionaler Auslöser ist eine Situation, ein Wort oder sogar ein Tonfall, der starke Emotionen hervorruft, die mit vergangenen Ereignissen verbunden sind – oft solche, die du versucht hast, hinter dir zu lassen. Flashbacks hingegen sind eine intensivere Erfahrung, bei der du einen vergangenen Moment mental und emotional noch einmal durchlebst, als ob er jetzt wieder passiert. Das kann eine Erinnerung an einen Elternteil sein, der dich herabgesetzt hat, oder ein Moment, in dem du ignoriert oder entlassen wurdest.

Für erwachsene Kinder von Narzissten können diese Auslöser besonders erschütternd sein, da sie in lang anhaltenden, ungelösten emotionalen Wunden wurzeln. Mit einem narzisstischen Elternteil aufzuwachsen bedeutet oft, dass du emotionaler Manipulation, harscher Kritik und dem ständigen Gefühl ausgesetzt warst, nie genug zu sein. Im Laufe der Zeit verankern sich diese Erfahrungen tief in Ihrer Psyche und verschwinden nicht einfach, wenn Sie das Haus verlassen oder älter werden. Stattdessen köcheln sie unter der Oberfläche und warten auf einen Moment, um wieder aufzutauchen.

Häufige Auslöser für erwachsene Kinder von Narzissten

Einer der häufigsten Auslöser für erwachsene Kinder von Narzissten ist Kritik – egal ob sie direkt oder implizit ist. Wenn du mit einem Elternteil aufgewachsen bist, der dich ständig auf deine Fehler hingewiesen hat, hast du vielleicht den Glauben verinnerlicht, dass du nie gut genug bist. Als Erwachsener kann jede noch so kleine Kritik – egal wie klein sie ist – dieses tief verwurzelte Gefühl der Unzulänglichkeit auslösen.

Ablehnung ist ein weiterer mächtiger Auslöser. Als Kinder wurde euch vielleicht das Gefühl gegeben, unsichtbar oder unwürdig für Liebe und Aufmerksamkeit zu sein, es sei denn, ihr habt die Bedürfnisse eines anderen erfüllt. Dies kann dazu führen, dass sich Ablehnung – sei es in Beziehungen, bei der Arbeit oder sogar in Freundschaften – wie ein persönlicher Angriff anfühlt. Die emotionale Wunde, zurückgewiesen zu werden, kann sich anfühlen, als wäre man wieder dieses Kind, das verzweifelt versucht, die Liebe seiner Eltern zu verdienen, aber immer zu kurz kommt.

Dann gibt es die Erfahrung, ignoriert oder vernachlässigt zu werden. Narzisstische Eltern stellen oft ihre eigenen Bedürfnisse über die ihrer Kinder und lassen ihre Kinder sich unsichtbar oder unwichtig fühlen. Als Erwachsener kann es sein, dass Sie überempfindlich darauf reagieren, in sozialen Situationen übersehen oder in Gesprächen abgetan zu werden. Die Intensität dieser Gefühle scheint oft in keinem Verhältnis zur Situation zu stehen, aber das liegt in der Natur von Auslösern – sie bringen dich an einen alten, ungelösten emotionalen Ort zurück.

So verwalten und erkennen Sie Ihre Auslöser

Der erste Schritt bei der Verwaltung von Auslösern besteht darin, sie zu erkennen. Wenn du von einer Welle von Emotionen überrascht wirst, die in keinem Verhältnis zu dem zu stehen scheint, was im gegenwärtigen Moment passiert, halte inne. Atmen Sie tief durch und fragen Sie sich: "Geht es wirklich darum, was gerade passiert? Oder erinnert mich das an etwas aus meiner Vergangenheit?"

Selbsterkenntnis ist der Schlüssel zu diesem Prozess. Indem du erkennst, dass deine Reaktion an vergangene Traumata gebunden ist, beginnst du, die Gegenwart von der Vergangenheit zu trennen. Wenn du verstehst, dass deine emotionalen Flashbacks nicht nur zufällig sind, sondern Reaktionen auf alte Wunden, kann dir das helfen, ein Gefühl der Kontrolle über sie zu erlangen. Es ist, als würde man in der Lage sein, eine Gewitterwolke am Horizont zu erkennen, bevor sie zuschlägt – man sieht sie kommen und kann sich vorbereiten.

Selbstmitgefühl ist in diesem Prozess ebenfalls von entscheidender Bedeutung. Es ist leicht, sich selbst dafür zu verprügeln, dass du "überreagiert" hast, wenn du getriggert wirst, aber das ist nicht hilfreich. Versuche stattdessen, dir selbst die gleiche Freundlichkeit zu erweisen, die du einem Freund erweisen würdest, der etwas Ähnliches durchmacht. Sag dir: "Es ist in Ordnung, sich so zu fühlen. Es ist nicht deine Schuld. Du heilst, und das ist Teil des Prozesses." Sei sanft zu dir selbst, denn die Heilung von narzisstischem Missbrauch braucht Zeit, und Auslöser sind ein normaler Teil dieser Reise.

Praktische Strategien, um auf Auslöser zu reagieren

Sobald Sie einen Auslöser erkannt haben, besteht der nächste Schritt darin, auf gesündere Weise zu reagieren. Hier sind ein paar Strategien, die helfen können:

1. **Pause und atmen:** Wenn Sie spüren, dass ein Auslöser aufsteigt, halten Sie inne und atmen Sie ein paar langsame, tiefe Atemzüge durch. Dies kann helfen, Ihr Nervensystem zurückzusetzen und Ihnen Raum zu geben, Ihre Emotionen zu verarbeiten. Manchmal kann schon das tiefe Durchatmen einen großen Unterschied machen, wie du mit einer Situation umgehst.

2. **Beschriften Sie die Emotion:** Geben Sie dem, was Sie fühlen, einen Namen – sei es Wut, Angst, Traurigkeit oder etwas anderes. Die Emotion anzuerkennen kann dir helfen, dich von ihr zu distanzieren und wieder etwas Kontrolle zu erlangen.

3. **Fordere den Glauben heraus:** Wenn du spürst, dass die alten Gefühle der Scham oder Unzulänglichkeit hereinströmen, fordere diese Überzeugungen heraus. Frag dich: "Basiert dieses Gefühl darauf, wer ich jetzt bin? Oder ist es ein Echo von etwas, das meine Eltern mir als Kind glauben gemacht haben?"

4. **Verankern Sie sich in der Gegenwart:** Erinnern Sie sich daran, dass Sie nicht mehr dieses Kind sind. Verwende Erdungstechniken wie die Fokussierung auf den gegenwärtigen Moment, das Berühren von etwas Vertrautem (wie einem Schmuckstück oder einem Lieblingsgegenstand) oder das Wiederholen einer positiven Affirmation, um dich wieder mit der Realität zu verbinden.

5. **Holen Sie sich Unterstützung:** Wenn Sie Schwierigkeiten haben, einen Auslöser zu verarbeiten, sprechen Sie mit jemandem, der Sie versteht – sei es ein Freund, ein Therapeut oder eine Selbsthilfegruppe. Wenn Sie teilen, was Sie

durchmachen, kann dies Erleichterung und Perspektive bieten.

Praktische Übung: Identifizieren Sie Ihre Auslöser

Nehmen Sie sich einen Moment Zeit, um über Situationen in den letzten Wochen nachzudenken, die starke emotionale Reaktionen in Ihnen ausgelöst haben. Schreibe die spezifischen Ereignisse auf, die diese Gefühle ausgelöst haben. Fragen Sie sich dann:

- Welche Gefühle haben diese Situationen hervorgerufen? (Scham, Schuld, Wut, Angst?)

____

____

____

____

____

____

- Erinnern Sie diese Emotionen an eine Zeit in Ihrer Kindheit? Wenn ja, was geschah dann?

- Wie können Sie beim nächsten Mal anders reagieren?

Schreibe in dein Tagebuch, wie du in Zukunft mit diesen Situationen umgehen könntest. Welche Schritte können

Sie unternehmen, um sich von den emotionalen Flashbacks zu lösen und gesünder zu reagieren?

Indem du dir deiner Auslöser bewusster wirst und Bewältigungsstrategien entwickelst, kannst du dich von den automatischen Reaktionen befreien, die dich so lange kontrolliert haben. Heilung geschieht nicht über Nacht, aber jeder kleine Schritt, den du machst, macht einen großen Unterschied.

Befreien Sie sich aus der Schuldfalle

Schuldgefühle können sich wie ein alter, vertrauter Schatten anfühlen – der immer zurückbleibt, selbst wenn du versuchst, voranzukommen. Es zeigt sich in den ruhigen Momenten und zerrt an deinen Gedanken, wenn du dich entscheidest, Prioritäten zu setzen oder "Nein" zu jemandem zu sagen. Für erwachsene Kinder von Narzissten ist diese Schuld mehr als nur eine vorübergehende Emotion; Es ist eine tief verwurzelte Reaktion, die in das Gewebe deines Lebens eingebrannt ist, weil du jahrelang auf Eierschalen gewandelt bist und andere an die erste Stelle gesetzt hast.

Diese Schuld tauchte nicht aus dem Nichts auf. Narzisstische Eltern pflanzen es oft absichtlich ein und nutzen es, um die Kontrolle zu behalten. Sie schaffen ein Umfeld, in dem ihre Bedürfnisse immer dringend sind, ihre Gefühle immer zerbrechlich sind und deine Rolle darin besteht, zu beruhigen, zu unterstützen und Opfer zu bringen. Mit der Zeit lernt man, Liebe mit Verpflichtung und Fürsorge mit Selbstverleugnung gleichzusetzen und lässt wenig Raum für die eigenen Wünsche oder Bedürfnisse.

Warum Narzissten Schuld als Waffe einsetzen

Narzisstische Eltern nutzen Schuldgefühle oft als Werkzeug, um die Kontrolle zu behalten und den Fokus auf ihre Bedürfnisse zu richten. Von klein auf wurden Sie vielleicht darauf konditioniert zu glauben, dass ihr Glück, ihr Komfort oder ihre Anerkennung vollständig von Ihren Handlungen abhängen. Wenn du nicht angerufen hast, als sie es erwartet hatten, Dankbarkeit "genug" ausdrückte oder ihre unausgesprochenen Forderungen erfüllte, sorgten sie dafür, dass du den Stachel der Enttäuschung oder das Gewicht ihrer verletzten Gefühle spürtest.

Diese Dynamik war kein Zufall – sie war Absicht. Schuldgefühle sind eine der einfachsten Möglichkeiten für einen Narzissten, andere zu manipulieren. Es ist subtil, aber kraftvoll und stellt sicher, dass Sie immer auf

Eierschalen gehen und versuchen, genug zu tun, genug zu sein oder genug zu geben. Mit der Zeit verinnerlicht man dieses Verhalten, und es verwandelt sich in einen Glaubenssatz: **"Wenn jemand verärgert ist, muss es meine Schuld sein. Es ist meine Aufgabe, das in Ordnung zu bringen."**

Wie sich Schuldgefühle in deinem Leben zeigen

Auch lange nachdem man die Umlaufbahn des Narzissten verlassen hat, bleiben die Auswirkungen dieser Konditionierung bestehen. Vielleicht haben Sie:

- Sagen Sie "Ja" zu jeder Anfrage, denn "Nein" zu sagen fühlt sich wie Verrat an.

- Überprüfe ständig, ob andere mit dir zufrieden sind, aus Angst vor ihrer Ablehnung.

- Fühle dich verantwortlich für die Lösung von Problemen, die du nicht lösen kannst, von der Beruhigung der Ängste eines Freundes bis hin zur Übernahme zusätzlicher Arbeit, um deinen Chef zufrieden zu stellen.

- Schieben Sie Ihre eigenen Bedürfnisse, Wünsche oder Grenzen in den Hintergrund, denn sich selbst zu priorisieren, fühlt sich egoistisch an.

Diese Schuldgefühle erzeugen einen anstrengenden Kreislauf. Je mehr du versuchst, das Unbehagen anderer zu lindern, desto mehr befestigst du den Glauben, dass es deine Verantwortung ist. Und je mehr du deine eigenen Bedürfnisse vernachlässigst, desto ausgelaugter und verärgerter fühlst du dich – und doch findest du dich immer noch unfähig, damit aufzuhören.

Warum es wichtig ist, den Kreislauf zu durchbrechen

Unter der Last der Schuld zu leben, beraubt dich deiner emotionalen Freiheit. Es hält dich in einem Muster aus Menschengefälligkeit und Selbstvernachlässigung gefangen und lässt wenig Raum für Freude, Authentizität oder echte Verbundenheit. Die gute Nachricht? Du kannst dich befreien. Es wird nicht über Nacht passieren, aber mit der Zeit und der Absicht kannst du beginnen, dich aus dem Griff der Schuld zu befreien.

Schritte, um sich aus der Schuldfalle zu befreien

1. Erkennen Sie, dass Schuld eine erlernte Reaktion ist

Beginne damit, anzuerkennen, dass die Schuld, die du fühlst, keine genaue Reflexion der Realität ist – es ist eine Gewohnheit, die sich als Reaktion auf Manipulation entwickelt hat. Erinnern Sie sich daran: **Sich schuldig**

zu fühlen, bedeutet nicht, dass Sie etwas falsch gemacht haben.

Reflexionsübung: Denken Sie an eine kürzliche Situation, in der Sie sich schuldig gefühlt haben. War es, weil du jemandem wirklich Schaden zugefügt hast, oder weil du eine unangemessene Erwartung nicht erfüllt hast? Schreibe darüber, wie du die gleiche Situation angehen würdest, wenn Schuldgefühle keine Rolle spielen würden.

2. Setzen Sie selbstbewusst Grenzen

Grenzen sind dein Gegenmittel gegen Schuldgefühle. Sie schützen Ihre Energie, Zeit und Ihr Wohlbefinden und ermöglichen es Ihnen, sich in Beziehungen authentisch zu zeigen, ohne sich gefangen zu fühlen. Fangen Sie klein an:

- Üben Sie, "Nein" zu sagen, ohne zu viel zu erklären.

- Begrenzen Sie, wie oft Sie sich an Gesprächen beteiligen, die Schuldgefühle auslösen.

- Verwende Sätze wie: "Ich höre dich, aber ich kann das gerade nicht übernehmen", um deine Grenzen freundlich, aber bestimmt durchzusetzen.

Fallstudie: Sarah, ein erwachsenes Kind eines narzisstischen Vaters, erzählt, wie das Setzen von Grenzen ihre Beziehungsdynamik veränderte – und wie sie mit der Gegenreaktion mit Anmut umging.

3. Stellen Sie den Glauben in Frage, dass Sie für andere verantwortlich sind

Eine harte Wahrheit: Du bist nicht verantwortlich für das Glück, die Emotionen oder das Wohlbefinden anderer. Erinnere dich daran, dass jeder für seine eigenen Gefühle und Entscheidungen verantwortlich ist, so wie du für deine verantwortlich bist.

Journaling-Aufforderung: Schreibe drei Situationen auf, in denen du dich für die Emotionen einer Person verantwortlich gefühlt hast. Fragen Sie sich: "War das wirklich meine Verantwortung? Hätten sie das selbst schaffen können?"

4. Üben Sie Selbstmitgefühl

Schuldgefühle gedeihen durch Selbstkritik, also kontere sie mit Selbstfreundlichkeit. Wenn Schuldgefühle hochkochen, halten Sie inne und fragen Sie: "Wenn ein Freund so denken würde, was würde ich ihm sagen?" Behandeln Sie sich selbst mit der gleichen Sorgfalt und dem gleichen Verständnis.

Tägliche Affirmation: "Ich verdiene es, meine Bedürfnisse zu priorisieren. Grenzen zu setzen ist nicht egoistisch – es ist Selbstachtung."

5. Feiern Sie kleine Erfolge

Jedes Mal, wenn du dich gegen schuldgetriebenes Verhalten sträubst, schreibst du jahrelange Konditionierungen neu. Feiern Sie Ihre Fortschritte, egal wie klein sie sind. Haben Sie eine Anfrage mit "Nein" beantwortet? Nehmen Sie sich einen Moment Zeit, um den Mut zu würdigen, den es erforderte. Haben Sie ausnahmsweise einmal Prioritäten für Ihre Bedürfnisse gesetzt? Das ist ein Sieg, der es wert ist, anerkannt zu werden.

Um sich von Schuldgefühlen zu befreien, geht es nicht darum, gefühllos zu werden – es geht darum, ein

Gleichgewicht zu finden. Es geht darum, anderen Liebe und Fürsorge zu zeigen, ohne das eigene Wohlbefinden zu opfern. Denken Sie daran: Sie dürfen Raum einnehmen, Ihre Bedürfnisse priorisieren und ohne die ständige Last von Schuldgefühlen leben. Du hast es lange genug getragen.

Kapitel 5

Lernen, ohne Schuldgefühle "Nein" zu sagen

Es ist ein bekanntes Szenario: Du bist erschöpft von einem langen Tag und ein Freund bittet dich um einen Gefallen. Tief in dir weißt du, dass du weder die Zeit noch die Energie hast, aber anstatt nein zu sagen, hörst du dich selbst sagen: "Klar, das kann ich schaffen." Als der Anruf endet, brodelt die Frustration in mir hoch – nicht bei ihnen, sondern bei dir selbst. Warum war es so schwer, abzulehnen? Wenn du mit narzisstischen Eltern aufgewachsen bist, könnte dieser Moment besonders nah an deinem Zuhause treffen. "Nein" zu sagen fühlt sich oft unmöglich an, weil du darauf konditioniert wurdest, zu glauben, dass deine Bedürfnisse weniger wichtig sind als die aller anderen.

Für viele erwachsene Kinder von Narzissten fühlt sich die Vorstellung, Grenzen zu setzen oder ihr eigenes Wohlbefinden in den Vordergrund zu stellen, falsch – fast egoistisch. Das kommt nicht von ungefähr. Narzisstische Eltern manipulieren ihre Kinder oft, damit sie sich fügen, indem sie Schuld, Scham oder sogar Zuneigung als Werkzeuge einsetzen, um die Kontrolle zu behalten. Im Laufe der Zeit hast du vielleicht den Glauben verinnerlicht, dass du ein schlechter Mensch bist, wenn du Nein sagst. Aber hier ist die Wahrheit: Nein zu sagen ist nicht egoistisch; es ist Selbsterhaltung.

In diesem Kapitel geht es darum, die Macht zurückzuerobern, die langsam weggenommen wurde. Zu lernen, Nein zu sagen, ist einer der befreiendsten Schritte, die du unternehmen kannst, um deine Autonomie zurückzugewinnen. Es ist eine Möglichkeit, Ihre Zeit, Energie und emotionale Gesundheit zu schützen – Dinge, die Sie vielleicht zu lange geopfert haben. Nein zu sagen bedeutet nicht nur, Anfragen abzulehnen; Es geht darum, sich selbst genug zu schätzen, um zu entscheiden, was man bereit ist zu geben.

Wir beginnen damit, zu untersuchen, warum es sich so einschüchternd anfühlen kann, Grenzen zu setzen, insbesondere für diejenigen von uns, denen beigebracht wurde, dass unser Wert daran gebunden ist, wie viel wir für andere tun. Dann tauchen wir in praktische Schritte ein, um Grenzen zu setzen, die bleiben, von der Formulierung klarer Antworten bis hin zum Umgang mit Schuldgefühlen, die oft damit einhergehen, sich zu behaupten. Zum Schluss besprechen wir, wie Sie mit dem Widerstand umgehen können, den Sie von Menschen erleiden könnten, die es gewohnt sind, dass Sie Ja sagen – denn, seien wir ehrlich, nicht jeder wird begeistert sein, wenn Sie anfangen, sich durchzusetzen.

Am Ende dieses Kapitels wirst du dich sicherer fühlen, ohne Schuldgefühle Nein zu sagen und vor allem, ohne die Beziehungen zu gefährden, die wirklich wichtig sind. Es ist an der Zeit, sich selbst an die erste Stelle zu setzen – nicht aus Egoismus, sondern weil du es verdient hast. Fangen wir an.

Warum Grenzen beängstigend (aber notwendig) sind

Wenn Ihnen der Gedanke, Grenzen zu setzen, den Magen umdreht, sind Sie nicht allein. Für erwachsene Kinder von Narzissten können sich Grenzen wie eine unmögliche Herausforderung anfühlen – ein Minenfeld potenzieller Ablehnung, Wut oder Bestrafung. "Nein" zu sagen, mag sich gefährlich anfühlen, als ob die Selbstdurchsetzung dich die Verbindung kosten könnte, die du so sehr versucht hast, aufrechtzuerhalten, egal wie ungesund sie auch sein mag.

Warum ist das so schwierig? Die Antwort liegt in der Dynamik des Aufwachsens mit einem narzisstischen Elternteil. Narzisstische Eltern lehnen die Versuche ihrer Kinder, ihre Unabhängigkeit zu behaupten, oft ab oder bestrafen sie. Sie können deine Grenzen als persönlichen Angriff darstellen oder dich beschuldigen, egoistisch oder undankbar zu sein. Im Laufe der Zeit hast du vielleicht gelernt, dass das Ausdrücken deiner Bedürfnisse oder Grenzen nur zu Scham, Schuld oder offenen Konflikten führt.

Aber hier ist die Wahrheit: Grenzen sind keine Akte der Rebellion; sie sind Akte der Selbsterhaltung. Sie sind die

Linien, die Sie ziehen, um Ihre emotionale und mentale Gesundheit zu schützen. Ohne sie könntest du dich ausgelaugt, verärgert und von deiner eigenen Identität getrennt fühlen.

Warum sich Grenzen so gefährlich anfühlen

Schauen wir uns genauer an, warum Grenzen beängstigend sind. Für viele erwachsene Kinder von Narzissten ist die Angst vor Ablehnung der Kern des Problems. Als deine Eltern Liebe und Anerkennung als bedingte Belohnungen benutzten und sie einfach außer Reichweite baumelten, hast du gelernt, deine eigenen Bedürfnisse zu unterdrücken, um den Frieden zu wahren. Die Idee, eine Grenze zu setzen, könnte sich so anfühlen, als würden Sie genau die Verbindung riskieren, die Sie über alles andere zu schätzen gelernt haben.

Es gibt auch die Angst vor Konflikten. Narzisstische Eltern sind Meister darin, aus einem einfachen "Nein" einen dramatischen Showdown zu machen. Sie könnten dich mit Gaslighting belästigen ("Du bildest dir Dinge ein"), dir Schuldgefühle machen ("Nach allem, was ich für dich getan habe!") oder die Situation eskalieren lassen, bis du das Gefühl hast, dass es einfach einfacher ist, nachzugeben. Diese Erfahrungen hinterlassen einen bleibenden Eindruck und lehren dich, Grenzen zu vermeiden, um der Gegenreaktion zu entkommen.

Und schließlich ist da noch die Schuld. Narzisstische Eltern überzeugen ihre Kinder oft davon, dass es von Natur aus falsch ist, sich selbst an die erste Stelle zu setzen. Sie stellen Selbstfürsorge als Egoismus und Grenzen als Verrat dar. Du hast vielleicht das Gefühl, dass du ein schlechter Mensch bist, wenn du dich durchsetzt, auch wenn du logischerweise weißt, dass das nicht wahr ist.

Die Rolle von Grenzen auf deinem Heilungsweg

Warum sollte man sich also mit Grenzen herumschlagen, wenn sie so schwer sind? Weil sie für deine Heilung unerlässlich sind. Bei Grenzen geht es darum, das Recht zurückzufordern, als getrennte, ganze Person zu existieren. Es geht darum, Ihre Energie, Ihre Zeit und Ihr emotionales Wohlbefinden zu schützen.

Stellen Sie sich Grenzen wie den Zaun um einen Garten vor. Ohne Zaun kann jeder Ihre Blumen zertrampeln, sich nehmen, was er will, oder sein Chaos hinterlassen. Mit einem Zaun schaffen Sie einen Raum, in dem Sie sich entfalten können. Es geht nicht darum, Menschen komplett auszuschließen – es geht darum, zu entscheiden, wer Zugang zu Ihrer Zeit und Energie erhält und zu welchen Bedingungen.

Wenn du Grenzen setzt, hörst du auf, den Erwartungen anderer ausgeliefert zu sein. Du fängst an, deine eigenen Bedürfnisse zu schätzen und deine eigenen Grenzen zu respektieren. Diese Veränderung ist nicht nur befreiend, sondern auch lebensverändernd.

Was passiert ohne Grenzen?

Ohne Grenzen sagst du vielleicht ständig "Ja", wenn du "Nein" sagen willst. Dies kann zu Burnout führen, da du deine Energie in die Bedürfnisse aller anderen steckst, während du deine eigenen vernachlässigst. Du bist vielleicht verärgert über andere, weil sie dich ausnutzen, aber auch wütend auf dich selbst, weil du es zugelassen hast. Mit der Zeit untergräbt diese Dynamik dein Selbstwertgefühl und lässt dich unsicher zurück, wer du bist oder was du willst.

Betrachten Sie dieses Beispiel:

Stell dir vor, dein narzisstischer Elternteil ruft dich rund um die Uhr an, verlangt deine Aufmerksamkeit und erwartet, dass du alles stehen und liegen lässt, um seine Bedürfnisse zu erfüllen. Ohne Grenzen könntest du dich aus Schuldgefühlen oder Angst fügen, auch wenn es deine Arbeit, deinen Schlaf oder dein emotionales

Gleichgewicht stört. Mit der Zeit lässt dich dieses Muster erschöpft zurück und hat das Gefühl, dass dein Leben nicht dein eigenes ist. Mit Grenzen könnten Sie jedoch ein Limit setzen – indem Sie bestimmte Zeiten auswählen, zu denen Sie sich engagieren möchten, oder sogar erklären, dass Sie zu bestimmten Zeiten nicht erreichbar sind. Es geht nicht darum, die Person abzulehnen; Es geht darum, sich selbst zu schützen.

Reflexionszeit: Deine Ängste und deine Bedürfnisse

Nehmen Sie sich einen Moment Zeit, um über Ihre eigene Beziehung zu Grenzen nachzudenken:

1. Wenn du darüber nachdenkst, eine Grenze zu setzen, welche Ängste kommen hoch?

____

____

____

____

____

2. Hast du Angst, als egoistisch oder undankbar angesehen zu werden?

____

____

____

____

3. Können Sie vergangene Erfahrungen identifizieren, bei denen das Setzen einer Grenze zu Konflikten oder Bestrafungen geführt hat?

____

____

____

____

4. Wie würde sich dein Leben verbessern, wenn du
ohne Angst oder Schuldgefühle Grenzen setzen
könntest?

____

____

____

____

____

Notieren Sie Ihre Antworten in einem Tagebuch. Bei
diesem Prozess geht es nicht darum, sich selbst zu
verurteilen – es geht darum, die Geschichten, die du
verinnerlicht hast, zu verstehen und zu beginnen, sie neu
zu schreiben.

Wie man Grenzen setzt, die haften bleiben

Grenzen zu setzen kann sich entmutigend anfühlen, besonders wenn du in einer Umgebung aufgewachsen bist, in der deine Bedürfnisse und Gefühle routinemäßig abgetan oder überschattet wurden. Aber Grenzen sind nicht nur wichtig – sie sind befreiend. Sie lehren andere, wie sie dich behandeln sollen, und schaffen gleichzeitig Raum für dich, um deine Energie, Emotionen und dein Wohlbefinden zu schützen. Lassen Sie uns in eine einfache Schritt-für-Schritt-Anleitung eintauchen, um effektiv Grenzen zu setzen, gefolgt von Beispielen aus dem wirklichen Leben, Strategien und einer Reflexionsübung, die Ihnen den Einstieg erleichtert.

Schritt 1: Verschaffen Sie sich einen Überblick darüber, was Sie brauchen

Bevor Sie eine Grenze festlegen können, müssen Sie verstehen, was Sie schützen. Vielleicht ist es deine Zeit, deine emotionale Energie oder dein persönlicher Raum. Fragen Sie sich:

- Was zehrt mich gerade aus?

- Wo fühle ich mich respektlos oder überfordert?

- Welche konkreten Änderungen würden dazu führen, dass ich mich sicherer und wohler fühle?

Wenn du zum Beispiel bemerkst, dass ein Freund dich ständig spät in der Nacht anruft und deine Ruhe stört, könnte dein Bedürfnis nach ununterbrochenem Schlaf sein. Ihre Grenze besteht möglicherweise darin, nach 21 Uhr keine Anrufe mehr zu beantworten.

Schritt 2: Seien Sie spezifisch und direkt

Mehrdeutigkeit kann der schlimmste Feind einer Grenze sein. Vage Grenzen wie "Ich brauche mehr Platz" oder "Bitte respektiere meine Zeit" können zu viel Spielraum für Interpretationen lassen. Streben Sie stattdessen nach Klarheit. Zum Beispiel:

- Anstatt zu sagen: "Ich bin gerade beschäftigt", versuchen Sie: "Ich brauche 30 Minuten Ruhe, um mich zu konzentrieren. Lass uns danach reden."

- Anstatt zu sagen: "Unterbrich mich nicht", versuche es mit "Wenn ich mitten in der Arbeit bin, warte bitte, bis ich fertig bin, bevor ich ein Gespräch beginne."

Spezifität lässt wenig Raum für Missverständnisse und erhöht die Wahrscheinlichkeit, dass Ihre Grenze respektiert wird.

Schritt 3: Kommunizieren Sie durchsetzungsfähig, ruhig

Wenn du Grenzen kommunizierst, kann die Art und Weise, wie du es sagst, genauso wichtig sein wie das, was du sagst. Durchsetzungsvermögen ist das A und O: Es ist nicht aggressiv, aber es ist auch nicht entschuldigend. Die Verwendung von "Ich"-Aussagen hilft, den Fokus auf Ihre Bedürfnisse zu legen, ohne anderen die Schuld zu geben. Zum Beispiel:

- "Ich fühle mich überfordert, wenn ich bei der Arbeit unterbrochen werde. Ich brauche ununterbrochene Zeit, um mich zu konzentrieren."

- "Es ist mir unangenehm, wenn du mein Gewicht kommentierst. Bitte mach das nicht mehr."

Ein ruhiger, fester Ton verstärkt Ihre Worte. Vermeide es, deine Grenzen zu übererklären oder zu rechtfertigen – deine Bedürfnisse sind so gültig, wie sie sind.

Schritt 4: Stärken Sie Ihre Grenzen

Leider werden einige Leute deine Grenzen austesten. Das bedeutet nicht, dass Sie versagen; Es ist eine Gelegenheit, sie zu stärken. Konsistenz ist entscheidend. Wenn jemand deine Grenze überschreitet, erinnere ihn mit Nachdruck:

- "Ich habe bereits erwähnt, dass ich nach 21 Uhr keine Anrufe mehr entgegennehme. Lass uns stattdessen morgen reden."

- "Ich habe Sie gebeten, nicht über meine persönlichen Finanzen zu sprechen. Wechseln wir das Thema."

Wenn das Verhalten anhält, ziehen Sie es mit Konsequenzen durch. Wenn dich zum Beispiel ein Familienmitglied wiederholt kritisiert, obwohl du gebeten wurdest, damit aufzuhören, könntest du sagen:

- "Wenn du dieses Gespräch fortsetzt, muss ich gehen."

- "Ich reagiere nicht auf Nachrichten, die mich kritisieren. Ich werde mich nur engagieren, wenn die Diskussion respektvoll ist."

Wenn du das durchziehst, zeigst du anderen, dass deine Grenzen nicht verhandelbar sind.

Schritt 5: Fangen Sie klein an und bauen Sie Vertrauen auf

Wenn sich die Vorstellung, Grenzen zu setzen, überwältigend anfühlt, beginnen Sie mit kleinen, überschaubaren Grenzen. Übe mit Situationen, die sich weniger emotional aufgeladen anfühlen, wie z. B. einem Kollegen zu sagen, dass du nicht an einem Meeting teilnehmen kannst, oder einen Freund zu bitten, während der Arbeitszeit keine SMS zu schreiben. Jeder Erfolg stärkt dein Selbstvertrauen und macht es einfacher, mit schwierigeren Situationen umzugehen.

Beispiele aus der Praxis für das Setzen von Grenzen

Mit der Familie:

Szenario: Ein Elternteil kritisiert ständig Ihre Lebensentscheidungen. Boundary: "Ich weiß deine Besorgnis zu schätzen, aber ich brauche dich, um meinen Entscheidungen zu vertrauen. Konzentrieren wir uns darauf, unsere gemeinsame Zeit zu genießen, anstatt darüber zu diskutieren."

Mit Freunden:

Szenario: Ein Freund leiht sich regelmäßig Geld und verzögert die Rückzahlung. Boundary: "Ich fühle mich nicht mehr wohl dabei, Geld zu leihen. Lasst uns andere Wege finden, uns gegenseitig zu unterstützen."

Bei der Arbeit:

Szenario: Ein Kollege unterbricht Sie während der intensiven Arbeit. Boundary: "Ich muss dieses Projekt ohne Ablenkungen beenden. Ich stehe um 15 Uhr für ein Gespräch zur Verfügung."

Reflexionsübung: Üben Sie Ihre Grenzen

Nimm dir einen Moment Zeit, um über eine Situation in deinem Leben nachzudenken, in der du das Gefühl hast, dass deine Grenzen überschritten werden. Aufschreiben:

1. Was passiert, das Ihnen unangenehm ist?

2. Welche spezifische Grenze würde dir helfen, dich mehr respektiert zu fühlen?

3. Eine klare und durchsetzungsfähige Art, diese Grenze zu kommunizieren.

Zum Beispiel:

- Situation: Ständig kommt ein Geschwisterkind unangemeldet vorbei.

- Boundary: "Ich würde es begrüßen, wenn Sie vor Ihrem Besuch anrufen."

- Kommunikation: "Ich verbringe gerne Zeit mit Ihnen, aber ich brauche vor Besuchen eine gewisse Bescheid. Bitte rufen Sie mich vorher an, um zu sehen, ob es funktioniert."

Üben Sie, es laut zu sagen, bis es sich natürlich anfühlt.

Was tun, wenn sich die Leute wehren?

Grenzen zu setzen ist nicht nur eine praktische Entscheidung; Es ist ein zutiefst persönlicher Akt der Selbstachtung. Es ist eine Erklärung an die Welt – und an dich selbst –, dass deine Zeit, Energie und Emotionen einen Wert haben. Aber so ermächtigend es auch sein kann, diese Grenzen zu setzen, es ist auch eines der schwierigsten Dinge, die du jemals tun wirst, besonders wenn diejenigen, die dir am nächsten stehen, Widerstand leisten. Für erwachsene Kinder von Narzissten kann dieser Widerstand besonders schmerzhaft sein. Nach Jahren, in denen du darauf konditioniert wurdest, die Bedürfnisse anderer in den Vordergrund zu stellen, kann sich jeder Widerstand wie eine Ablehnung deines Wertes anfühlen.

Aber hier ist die Wahrheit: Beim Pushback geht es nicht um dich. Es geht um das Unbehagen der anderen Person, die Angst vor Veränderungen oder den Verlust der Kontrolle. Wenn du verstehst, warum Menschen sich deinen Grenzen widersetzt, und lernst, wie du mit ihren Reaktionen umgehen kannst, kannst du standhaft bleiben und mit Zuversicht weitermachen.

Warum Menschen sich gegen Grenzen wehren

Stellen Sie sich für einen Moment vor, dass jemand Ihr Wohnzimmer über Nacht umgestaltet hat. Das Sofa ist jetzt dort, wo früher der Esstisch stand, und der Lieblingssessel ist nicht mehr in der Nähe des Fensters. Selbst wenn die neue Anordnung funktionaler ist, kann Ihre erste Reaktion Verwirrung oder sogar Frustration sein. So geht es manchen Menschen, wenn man anfängt, Grenzen zu setzen. Sie sind daran gewöhnt, wie die Dinge waren, und Ihre Veränderungen stören ihre Erwartungen.

Für diejenigen, die von deinem Mangel an Grenzen profitiert haben – sei es durch emotionale Arbeit, Gefälligkeiten oder ständige Verfügbarkeit – kann sich deine Entscheidung, Grenzen zu setzen, wie ein persönlicher Verlust anfühlen. Hier sind ein paar Gründe, warum es zu Pushback kommt:

1. **Angst vor Kontrollverlust:** Für Menschen, die von Kontrolle leben, kann Ihr neu gewonnenes Durchsetzungsvermögen bedrohlich wirken. Sie könnten deine Grenzen als eine Herausforderung für ihre Autorität oder ihren Einfluss sehen.

2. **Unbehagen bei Veränderungen:** Menschen sind Gewohnheitstiere, und viele Menschen haben Schwierigkeiten, wenn sich die Dynamik ändert. Deine Grenzen könnten sie dazu bringen, ihr eigenes Verhalten in Frage zu stellen oder sie dazu zwingen, sich auf eine Weise anzupassen, für die sie noch nicht bereit sind.

3. **Ungelöste persönliche Probleme:** Oft hat Pushback wenig mit dir zu tun. Es kann von den Unsicherheiten der anderen Person, der Angst vor Ablehnung oder der Schwierigkeit, mit ihren eigenen Emotionen umzugehen, herrühren.

Das Erkennen dieser zugrundeliegenden Motivationen kann dir helfen, Widerstand als das zu sehen, was er ist: eine Reflexion der Kämpfe der anderen Person, nicht deines Wertes oder der Gültigkeit deiner Grenzen.

Stark bleiben, wenn andere sich wehren

Wenn du Grenzen setzt, sagst du im Wesentlichen: "Ich schätze mich selbst genug, um mein Wohlbefinden zu schützen." Aber für jemanden, der es gewohnt ist, dass

Sie seine Bedürfnisse an die erste Stelle setzen, kann sich dies wie ein unwillkommener Schock anfühlen. Sie können mit Wut, Schuldgefühlen oder sogar dem Vorwurf des Egoismus reagieren. Das kann unglaublich triggernd sein, vor allem, wenn du jahrelang versucht hast, Konflikte oder Kritik zu vermeiden.

Wie bleiben Sie also standhaft, wenn der Widerstand kommt?

1. **Denken Sie an Ihr Warum:** Jede Grenze, die Sie setzen, hat einen Zweck. Vielleicht geht es darum, deine psychische Gesundheit zu schützen, mehr Zeit für dich selbst zu schaffen oder Stress abzubauen. Was auch immer der Grund ist, behalten Sie es im Mittelpunkt. Schreibe es auf, wenn du musst, und überprüfe es immer wieder, wenn du das Gefühl hast, dass du schwankst.

2. **Bleiben Sie ruhig und standhaft:** Widerstand eskaliert oft, wenn die Emotionen hochkochen. Wenn Sie mit ruhigem Selbstvertrauen reagieren, können Sie Spannungen abbauen und Ihre Position stärken. Du könntest zum Beispiel sagen: "Ich verstehe, dass es schwer für dich ist, aber das ist es, was ich brauche, um mich gesund und ausgeglichen zu fühlen."

3. **Vermeiden Sie übermäßige Erklärungen:**
   Es ist natürlich, dass Sie Ihre Entscheidungen
   rechtfertigen wollen, aber zu viel Erklären kann
   Ihre Haltung schwächen und zu
   Auseinandersetzungen einladen. Eine klare,
   einfache Erklärung genügt: "Das funktioniert für
   mich gerade am besten."

4. **Reaktionen antizipieren:** Gegenwind kommt
   oft in vorhersehbaren Formen, wie z. B.
   Schuldgefühle ("Nach allem, was ich für dich getan
   habe...") oder das Spiel des Opfers ("Du kümmerst
   dich nicht mehr um mich"). Erkenne diese
   Taktiken als das, was sie sind – emotionale
   Manipulation – und erinnere dich daran, dass ihre
   Gefühle nicht in deiner Verantwortung liegen.

Bewältigung der emotionalen Folgen

Fest zu stehen kann anstrengend sein. Vielleicht fühlst
du dich schuldig, ängstlich oder fragst dich sogar, ob es
die richtige Entscheidung war, Grenzen zu setzen. Diese
Gefühle sind normal, aber sie müssen deinen Fortschritt
nicht entgleisen lassen.

- **Seien Sie nett zu sich selbst:** Erinnern Sie sich
  daran, dass Sie nicht egoistisch sind, sondern dass
  Sie gesund sind. Erkennen Sie den Mut an, den es

braucht, um für Ihre Bedürfnisse einzustehen, auch wenn es unangenehm ist.

- **Verlassen Sie sich auf Unterstützung:** Egal, ob es sich um einen vertrauenswürdigen Freund, einen Therapeuten oder eine Selbsthilfegruppe handelt, das Teilen Ihrer Erfahrungen kann Ihnen helfen, Ihre Emotionen zu verarbeiten und sich weniger isoliert zu fühlen.

- **Üben Sie Selbstfürsorge:** Das Setzen von Grenzen ist emotional anstrengend, also finden Sie Wege, um sich wieder aufzuladen. Das kann das Schreiben eines Tagebuchs, ein Spaziergang, Meditieren oder einfach nur das Verbringen von Zeit mit etwas sein, das du liebst.

Schwierige Gespräche führen

Pushback führt oft zu schwierigen Gesprächen. Jemand könnte deine Grenzen in Frage stellen, dich beschuldigen, dich zu ändern, oder darauf bestehen, dass du unfair bist. Diese Momente können sich wie ein Test Ihrer Entschlossenheit anfühlen, aber mit Vorbereitung können Sie sie effektiv bewältigen.

- **Bereiten Sie Ihr Skript vor:** Überlegen Sie vor einem schwierigen Gespräch, was Sie sagen möchten und wie Sie auf mögliche Einwände reagieren werden. Zum Beispiel: "Ich weiß, das ist anders als das, was du gewohnt bist, aber ich brauche diese Grenze, um mich ausgeglichen und respektiert zu fühlen."

- **Bleiben Sie fokussiert:** Konzentrieren Sie sich auf Ihre Bedürfnisse. Wenn die andere Person versucht, abzulenken oder zu manipulieren, lenken Sie sie vorsichtig zurück zum Hauptpunkt.

- **Manipulation erkennen:** Taktiken wie Schuldgefühle oder das Spielen des Opfers sind üblich, insbesondere bei narzisstischen Personen. Bleib geerdet und denke daran: Ihre Reaktion liegt nicht in deiner Verantwortung.

Reflektieren und üben

Probiere diese Übung aus: Denke an jemanden in deinem Leben, der sich deinen Grenzen widersetzen könnte. Visualisieren Sie ihre wahrscheinliche Reaktion und üben Sie Ihre Reaktion. Schreibe ein paar Schlüsselsätze auf, die deine Grenze bekräftigen, ohne konfrontativ zu sein. Zum Beispiel: "Ich respektiere deine Gefühle, aber das ist es, was ich für mich selbst tun muss."

Grenzen zu setzen ist ein mutiger und mutiger Schritt, vor allem, wenn andere sich dagegen wehren. Aber jedes Mal, wenn du dich bewegst, stärkst du deinen Wert und lehrst andere, dich zu respektieren. Es ist nicht einfach, aber es lohnt sich. Du setzt nicht nur Grenzen – du forderst dein Leben zurück. Mach weiter. Du bist stärker, als du denkst.

Kapitel 6

Mitgefühl für sich selbst finden

Kennst du diese Stimme in deinem Kopf? Derjenige, der nie zufrieden zu sein scheint, egal wie sehr du dich bemühst? Vielleicht flüstert es Dinge wie: *"Du bist nicht gut genug"* oder *"Warum kannst du es nicht einfach zusammenkriegen?"* Es ist hart, unerbittlich und geradezu anstrengend. Wenn du mit einem narzisstischen Elternteil aufgewachsen bist, fühlt sich diese Stimme wahrscheinlich nur allzu vertraut an – ein unwillkommenes Echo der Kritik, Verurteilung oder Vernachlässigung, mit der du als Kind konfrontiert warst. Es ist kein Wunder, dass du Schwierigkeiten hast, dir selbst Gnade zu schenken, wenn es sich anfühlt, als hättest du dein ganzes Leben damit verbracht, dir gesagt zu haben, dass du sie nicht verdienst.

Aber hier ist die Wahrheit: Du hast es verdient. Tatsächlich ist es eines der mächtigsten Dinge, die du tun kannst, um dich von den Auswirkungen des narzisstischen Missbrauchs zu heilen, wenn du lernst, zu lernen, dir selbst Mitgefühl zu zeigen. Es geht nicht darum, deine Fehler zu entschuldigen oder deine Herausforderungen zu ignorieren – es geht darum, deine Menschlichkeit zu erkennen. Es geht darum, sich selbst mit der Freundlichkeit zu behandeln, die man einem lieben Freund gerne entgegenbringen würde, sich aber viel zu lange vorenthalten hat.

In diesem Kapitel geht es darum, die ersten Schritte in Richtung Selbstmitgefühl zu unternehmen. Es ist nicht immer einfach – vor allem, wenn dein innerer Kritiker das Gefühl hat, dass er das Sagen hat – aber es lohnt sich. Auf den folgenden Seiten werden wir untersuchen, wie Sie diese kritische Stimme zum Schweigen bringen und sie durch eine ersetzen können, die Sie unterstützt, anstatt Sie niederzumachen. Wir werden uns damit befassen, wie Sie die Geschichten, die Sie sich selbst darüber erzählt haben, wer Sie sind und wozu Sie fähig sind, neu schreiben können, und wir werden uns praktische Wege ansehen, wie Sie sich emotional, körperlich und spirituell nähren können.

Irgendwo auf dem Weg dorthin wurde dir vielleicht beigebracht, dass Selbstmitgefühl egoistisch, schwach oder nachsichtig ist. Das ist eine Lüge. Wahres Mitgefühl bedeutet nicht, deine Fehler zu ignorieren oder Verantwortung beiseite zu schieben – es geht darum, eine Grundlage der Liebe und Akzeptanz zu schaffen, die es dir ermöglicht, zu wachsen, zu gedeihen und dein Selbstwertgefühl zurückzugewinnen.

Dieses Kapitel ist Ihre Einladung, diese Reise zu beginnen. Es geht nicht darum, perfekt zu werden; Es geht darum, zu lernen, geduldig mit sich selbst zu sein, während du heilst, und die schöne, unvollkommene Person, die du immer warst, zu umarmen. Beginnen wir damit, diesen inneren Kritiker zum Schweigen zu bringen. Du bist stärker, als du denkst – und du bist der Liebe würdig, die du allen anderen so freigiebig gegeben hast.

Den inneren Kritiker zum Schweigen bringen

Der Moment ist gekommen – eine Chance, etwas Neues auszuprobieren, einen mutigen Schritt zu wagen oder eine Idee zu teilen, die Ihnen am Herzen liegt. Doch bevor du überhaupt handeln kannst, durchbricht eine scharfe, vertraute Stimme deine Gedanken: *"Das schaffst du nie. Warum sollte man sich überhaupt die Mühe machen? Jeder wird sehen, dass du nicht gut genug bist."* Es ist unerbittlich, unerbittlich und lässt dich dich selbst in Frage stellen, bevor du überhaupt angefangen hast. Für viele erwachsene Kinder von Narzissten ist dieser innere Kritiker mehr als nur Selbstzweifel. Es ist ein allgegenwärtiges Echo der Vergangenheit, geprägt von jahrelanger Kritik und unmöglichen Erwartungen, eine Stimme, die entschlossen zu sein scheint, dich klein zu halten. Aber was wäre, wenn Sie endlich die Lautstärke verringern und Ihr Selbstvertrauen zurückgewinnen könnten?

Diese Stimme, dein innerer Kritiker, ist mehr als nur Selbstzweifel. Für viele erwachsene Kinder von Narzissten ist es ein Echo der Vergangenheit – eine tief verwurzelte Erzählung, die sich in Jahren subtiler (oder nicht so subtiler) Kritik, Vergleiche und Manipulationen gebildet hat. Der innere Kritiker fühlt sich wie ein ungebetener Gast, der vor langer Zeit eingezogen ist, es aber dennoch schafft, dein Selbstvertrauen zu zerstören, deine Freude zu stehlen und deinen Wert in Frage zu stellen. Aber hier ist die Wahrheit: Sie können die Lautstärke verringern und das Skript im Laufe der Zeit komplett neu schreiben.

Woher dein innerer Kritiker kommt

Um deinen inneren Kritiker zu verstehen, ist es hilfreich, seine Ursprünge zurückzuverfolgen. Wenn du mit einem narzisstischen Elternteil aufgewachsen bist, warst du wahrscheinlich einem Muster der Entwertung, unmöglicher Erwartungen oder völliger emotionaler Vernachlässigung ausgesetzt. Narzisstische Eltern projizieren ihre Unsicherheiten oft auf ihre Kinder und nutzen Kritik oder Vergleiche als Werkzeuge, um die Kontrolle zu behalten.

Vielleicht haben Sie Sätze gehört wie:

- *"Warum kannst du nicht mehr wie deine Geschwister sein?"*

- *"Wenn du das vermasselst, bringst du uns alle in Verlegenheit."*

- *"Mach dir keinen großen Kopf – du bist nicht so besonders."*

Selbst Momente, die freudig hätten sein sollen – wie das Teilen einer Errungenschaft – wurden mit Ablehnung oder Ablenkung beantwortet, was einen lehrte, dass Lob bestenfalls an Bedingungen geknüpft ist. Im Laufe der Zeit wurden diese externen Stimmen verinnerlicht. Sie verwandelten sich in einen mentalen Monolog, in dem jeder Fehler, jeder vermeintliche Makel oder jede Unzulänglichkeit ständig wiederholt wurde.

Die Ursprünge des inneren Kritikers sind mit dem Überleben verbunden. Als Kind fühlte es sich oft notwendig an, sich an den Erwartungen der Eltern auszurichten (auch an harten), um akzeptiert oder geliebt zu werden. Aber als Erwachsener dient dir diese Stimme nicht mehr. Stattdessen hält es dich an Gefühle der Unzulänglichkeit, Angst und Scham gebunden.

Wie dein innerer Kritiker dich beeinflusst

Der Schaden, den der innere Kritiker anrichtet, ist nicht nur emotional – er ist allgegenwärtig. Sein Flüstern, das oft als "Wahrheiten" getarnt ist, prägt, wie du dich selbst siehst und wie du mit der Welt interagierst.

Es untergräbt das Selbstwertgefühl und macht es schwer, seinen Fähigkeiten zu vertrauen oder das Gefühl zu haben, Erfolg verdient zu haben. Du könntest jede Entscheidung überanalysieren, aus Angst vor Verurteilung oder Versagen. Es kann dazu führen, dass du in ungesunden Mustern feststeckst – wie Perfektionismus, Menschen gefallen zu wollen oder Risiken ganz zu vermeiden – weil sich der Gedanke, zu kurz zu kommen, unerträglich anfühlt.

Psychologisch verstärkt der innere Kritiker das Gefühl der Wertlosigkeit. Es ist, als würde man ein ständiges Gewicht tragen, das einen dazu bringt, seinen Wert und sein Potenzial zu hinterfragen. Für erwachsene Kinder von Narzissten fühlt sich diese Stimme oft wie ein lebenslanger Begleiter an, aber das bedeutet nicht, dass sie dauerhaft ist.

Wie man den inneren Kritiker zum Schweigen bringt

Deinen inneren Kritiker zum Schweigen zu bringen, geschieht nicht über Nacht, aber du kannst anfangen, seine Lautstärke mit gezielten Praktiken zu verringern. Der Schlüssel liegt darin, keinen Krieg gegen sie zu führen, sondern sich ihr mit Verständnis, Neugier und Mitgefühl zu nähern.

1. Erkennen und benennen Sie es

Der erste Schritt, um deinen inneren Kritiker zu entwaffnen, besteht darin, zu erkennen, wann er spricht. Achte auf die Worte und den Ton – er ist oft scharf, kritisch und absolut und verwendet Sätze wie *"immer"*, *"nie"* oder *"du kannst nicht"*.

Geben Sie ihm einen Namen, wenn das hilft, etwas Abstand zu schaffen. Vielleicht nennen Sie es "der Richter" oder "der Neinsager". Wenn es anfängt, erkenne es an: *"Oh, da ist wieder der Richter, der versucht, mich vor dem Scheitern zu schützen. Danke, aber ich hab's."*

2. Hinterfragen Sie das Narrativ

Dein innerer Kritiker lebt von ungeprüften Annahmen. Fangen Sie an, seine Behauptungen zu hinterfragen:

- Beruht dieser Gedanke auf Fakten oder auf Angst?

- Würde ich mit einem geliebten Menschen so sprechen, wie ich mit mir selbst spreche?

- Welche Beweise habe ich, die diesem Gedanken widersprechen?

Wenn dein Kritiker zum Beispiel sagt: *"Du wirst das nie richtig machen"*, kontere mit: *"Ich lerne immer noch, und das ist in Ordnung. Ich muss nicht perfekt sein, um würdig zu sein."*

3. Neuausrichtung der Rolle

Anstatt deinen inneren Kritiker als Feind zu sehen, versuche, ihn als fehlgeleiteten Beschützer umzudeuten. Seine Härte rührt oft von dem Wunsch her, Sie vor Enttäuschung oder Ablehnung zu schützen. Indem du seine Absicht anerkennst, ohne seine Taktik zu akzeptieren, kannst du sagen: *"Ich verstehe, was du versuchst zu tun, aber ich brauche diese Art von Schutz nicht mehr."*

4. Üben Sie Selbstmitgefühl

Das Gegenmittel gegen den inneren Kritiker ist Selbstmitgefühl. Behandle dich selbst mit der gleichen Freundlichkeit, die du einem engen Freund entgegenbringen würdest. Ersetzen Sie harte Urteile durch unterstützende Affirmationen, wie zum Beispiel:

- *"Ich darf Fehler machen – sie gehören zum Wachstum dazu."*

- *"Mein Wert ist nicht an das gebunden, was ich erreiche."*

- *"Ich tue mein Bestes, und das ist genug."*

Wiederhole diese Affirmationen oft, auch wenn sie sich anfangs unangenehm anfühlen. Mit der Zeit können sie die Stimme des Kritikers durch eine ersetzen, die erhebt und nicht niederreißt.

Reflexionsübung: Das Drehbuch neu schreiben

1. Identifiziere die Botschaften deines inneren Kritikers

Nimm dir 10 Minuten Zeit, um gängige Sätze oder Kritikpunkte aufzuschreiben, die deine innere Stimme wiederholt. Seien Sie ehrlich und konkret.

____

____

____

____

____

____

____

2. Hinterfrage jede Kritik

Schreibe neben jede Nachricht eine mitfühlende Antwort.
Wenn der Kritiker sagt: *"Du bist in nichts gut"*, könnte
deine Antwort sein: *"Das stimmt nicht – ich habe schon
Herausforderungen gemeistert und bin in der Lage, zu
lernen und zu wachsen."*

____

____

____

____

3. Üben Sie tägliche Affirmationen

Wähle eine oder zwei Affirmationen, auf die du dich jeden Tag konzentrierst. Schreibe sie auf, sprich sie laut aus oder hänge sie dort auf, wo du sie oft sehen wirst.

Dein innerer Kritiker ist vielleicht schon lange Teil deiner Geschichte, aber er muss nicht deine Zukunft bestimmen. Indem du seine Ursprünge erkennst, seine Botschaften hinterfragst und Selbstmitgefühl übst, kannst du beginnen, seine Stimme zum Schweigen zu bringen und sie durch eine sanftere, freundlichere und ermächtigendere zu ersetzen.

Heilung ist eine Reise, und jeder kleine Schritt, den du machst – jeder Moment, in dem du dich entscheidest, mit Liebe zu dir selbst zu sprechen – ist ein Fortschritt. Du verdienst es, frei von den Schatten der Vergangenheit zu leben und ein Leben zu führen, in dem deine innere Stimme dich anfeuert, anstatt dich zurückzuhalten.

Loslassen von einschränkenden Etiketten und Lügen

Eine der mächtigsten Wahrheiten über Heilung ist diese: Du wirst nicht durch die Erzählung definiert, die dir von anderen gegeben wird. Die Geschichte, die dein narzisstischer Elternteil darüber erzählt hat, wer du bist – sei es durch seine Worte, Taten oder das Schweigen der Vernachlässigung – ist nicht die ganze Geschichte. Du hast die Macht, es zu ändern. Egal, wie tief verwurzelt sich diese alten Etiketten und Lügen anfühlen mögen, du kannst dich dafür entscheiden, deine Erzählung neu zu schreiben und eine Version von dir selbst anzunehmen, die deinen wahren Wert, deine Stärke und dein Potenzial widerspiegelt.

Für viele erwachsene Kinder von Narzissten klingen die Erzählungen, die sie in sich tragen, oft so: *Ich bin zu viel. Ich bin nicht genug. Ich werde nie so geliebt werden, wie ich bin. Wenn ich es anderen nicht recht mache, verliere ich ihre Anerkennung.* Diese Glaubenssätze sind nicht nur flüchtige Gedanken; sie werden als Kernwahrheiten verwurzelt und prägen, wie du dich selbst siehst und mit der Welt interagierst. Diese Selbstüberzeugungen sind nicht aus dem Nichts entstanden. Sie wurden Stein für Stein durch Jahre des Gaslightings, der Kritik, der bedingten Liebe und der emotionalen Entwertung aufgebaut. Und obwohl du dir nicht ausgesucht hast, diese Überzeugungen zu erben, hast du die Macht, sie in Frage zu stellen und zu ändern.

Erkennen Sie die Narrative, die Sie zurückhalten

Um Ihre Geschichte neu zu schreiben, müssen Sie zuerst die alte identifizieren. Beginnen Sie damit, die Worte und Ideen zu untersuchen, die Sie über sich selbst getragen haben. Fragen Sie sich:

- Was habe ich als Kind über mich selbst geglaubt?

- Welche Etiketten haben mir meine Eltern oder Betreuer auferlegt?

- Wie beeinflussen diese Überzeugungen die Art und Weise, wie ich mich heute sehe?

Vielleicht wurdest du als "Egoistischer" abgestempelt, wann immer du ein Bedürfnis oder einen Wunsch geltend gemacht hast. Vielleicht wurde dir gesagt, dass du zu empfindlich bist, wenn du Schmerzen ausdrückst. Diese Etiketten können sich tief in deiner Psyche festsetzen und auf subtile Weise bestimmen, wie du dich in der Welt zeigst. Mit der Zeit bilden sie eine Erzählung, die dich klein, vorsichtig oder übermäßig kritisch mit dir selbst hält.

Es ist wichtig zu verstehen, dass diese Überzeugungen keine Fakten sind – sie sind Verzerrungen. Sie waren Werkzeuge, die von deinen Eltern benutzt wurden, um dich zu kontrollieren oder herabzusetzen, aber sie drehten sich nie um deinen wahren Charakter. Diese Unterscheidung zu erkennen, ist der erste Schritt, um sich aus ihrem Griff zu befreien.

Negative Glaubenssätze neu formulieren

Sobald Sie die negativen Narrative identifiziert haben, ist es an der Zeit, sie zu hinterfragen und neu zu formulieren. Bei diesem Prozess geht es nicht darum, den Schmerz, den du erlitten hast, zu ignorieren oder zu leugnen – es geht darum, deine Stimme zurückzugewinnen und eine ermächtigendere Wahrheit zu wählen.

Hier ist ein Beispiel: Nehmen wir an, du hast den Glauben verinnerlicht, *dass ich egoistisch bin, wenn ich meine Bedürfnisse in den Vordergrund stelle.* Dieser Glaube kam wahrscheinlich daher, dass man sich jahrelang schuldig fühlte, weil man sich selbst an die erste Stelle setzte, selbst wenn es notwendig war. Um es anders zu formulieren, könntest du schreiben: *Meine Bedürfnisse sind berechtigt, und wenn ich mich um mich selbst kümmere, kann ich mein Bestes für andere geben.* Achte darauf, wie diese Verschiebung den alten Glauben nicht nur ablehnt, sondern ihn durch etwas Gesünderes und Bestätigenderes ersetzt.

Ein anderes weit verbreitetes Narrativ könnte sein, dass *ich nicht liebenswert bin, weil meine Eltern mich nicht wertschätzen.* Eine Neuformulierung könnte so aussehen: *Mein Wert wird nicht durch die Unfähigkeit von irgendjemandem definiert, ihn zu sehen. Ich verdiene Liebe und Respekt, so wie ich bin.* Bei diesen Neuausrichtungen geht es nicht darum, so zu tun, als ob die Vergangenheit nicht passiert wäre, sondern darum, sich zu weigern, sich von ihr die Zukunft diktieren zu lassen.

Entwickle deine neue Geschichte

Beim Umschreiben deiner Geschichte geht es nicht nur darum, das Alte abzulehnen – es geht darum, aktiv ein neues, positives Selbstkonzept zu schaffen, das mit dem übereinstimmt, was du wirklich bist. Beginnen Sie damit, sich zu fragen:

- Wer will ich sein?

- Welche Stärken habe ich durch meine Erfahrungen entwickelt?

- Wie möchte ich mich selbst in Zukunft sehen?

Schreiben Sie diese Vision als Erklärung auf. Es muss nicht perfekt sein, und es kann sich im Laufe der Zeit weiterentwickeln, aber lassen Sie es als Leitlicht dienen. Du könntest zum Beispiel schreiben: *Ich bin eine belastbare, mitfühlende Person, die lernt, mir selbst zu vertrauen und sie zu lieben. Meine Vergangenheit hat mich geprägt, aber sie definiert mich nicht. Ich bin es wert, Freude, Verbundenheit und Erfüllung zu finden.*

Von realen Transformationen lernen

Nehmen wir zum Beispiel Marias Geschichte. Maria wuchs in einem Haushalt auf, in dem ihre Mutter ständig ihr Aussehen kritisierte und sie mit anderen verglich. Mit Mitte 30 kämpfte Maria mit einem geringen Selbstwertgefühl und einem obsessiven Bedürfnis nach äußerer Bestätigung. Durch Therapie und Selbstreflexion erkannte Maria, dass ihre Erzählung – *Ich bin nicht genug, wenn ich nicht meinen Wert beweise* – nicht ihre Wahrheit war, sondern eine Reflexion der Unsicherheiten ihrer Mutter.

Maria begann, ihre Geschichte neu zu schreiben, indem sie Affirmationen übte wie: *Ich bin genug, so wie ich bin. Mein Wert ist nicht daran gebunden, wie andere mich wahrnehmen.* Sie umgab sich auch mit Menschen, die sie aufrichteten und für das schätzten, was sie war. Im Laufe der Zeit stellte Maria fest, dass das alte Narrativ an Kraft verlor, und ihr neues Selbstverständnis – selbstbewusst, unabhängig und selbstbewusst – begann Wurzeln zu schlagen.

Reflexionsübungen, die Ihnen helfen, Ihre Geschichte neu zu schreiben

1. **Benenne die alten Lügen:** Nimm dir einen Moment Zeit, um die negativen Glaubenssätze oder Etiketten aufzulisten, die du aus deiner Erziehung verinnerlicht hast. Schreibe sie auf.

2. **Herausforderung und Neuausrichtung:** Schreibe für jede Überzeugung eine positive, bestätigende Aussage, die ihr entgegenwirkt. Verwenden Sie eine Sprache, die sich für Sie authentisch und stärkend anfühlt.

3. **Erstellen Sie Ihre neue Erzählung:** Schreiben Sie einen kurzen Absatz oder Tagebucheintrag darüber, wer Sie werden. Konzentriere dich auf deine Stärken, Werte und das Leben, das du dir selbst aufbaust.

4. **Üben Sie tägliche Affirmationen:** Wählen Sie ein oder zwei Affirmationen aus Ihrer neuen Erzählung und sprechen Sie sie jeden Morgen laut aus. Stell dir vor, wie du diese Wahrheiten lebst.

Visualisierung deines ermächtigten Selbst

Nehmen Sie sich jeden Tag ein paar Minuten Zeit, um sich Ihr zukünftiges Ich vorzustellen – selbstbewusst, selbstbewusst und frei von der Last alter Erzählungen. Stell dir vor, wie diese Version von dir geht, spricht und mit anderen interagiert. Visualisierung ist ein mächtiges Werkzeug, um Ihr Gehirn neu zu verdrahten und Ihre neue Geschichte zu verstärken.

Wenn du anfängst, deine Geschichte neu zu schreiben, denke daran: Es ist ein Prozess, kein einmaliges Ereignis. Sei geduldig mit dir selbst. Jedes Mal, wenn du einen alten Glauben in Frage stellst oder eine neue Wahrheit bejahst, machst du einen Schritt in Richtung Freiheit und Selbstermächtigung. Du bist jetzt der Autor deiner Geschichte, und die Möglichkeiten sind endlos.

Wir kümmern uns um Sie

Seien wir ehrlich: Selbstfürsorge kann sich wie ein fremdes Konzept anfühlen, vor allem, wenn man in einem Umfeld aufgewachsen ist, in dem die Fürsorge für die eigenen Bedürfnisse nicht nur übersehen, sondern aktiv entmutigt wurde. Vielleicht bist du mit dem Wissen aufgewachsen, dass der einzige Weg, Liebe und Anerkennung zu verdienen, darin besteht, die Bedürfnisse anderer über deine eigenen zu stellen. Vielleicht wurde dir beigebracht, "der Starke" zu sein, derjenige, der immer gibt, opfert und das Wohlergehen aller anderen an die erste Stelle setzt. Im Laufe der Zeit hast du vielleicht die Idee verinnerlicht, dass deine eigenen Bedürfnisse keine Rolle spielen, oder schlimmer noch, dass es egoistisch oder nachsichtig ist, sich Zeit für sich selbst zu nehmen.

Dieses Muster ist vielen erwachsenen Kindern narzisstischer Eltern nur allzu vertraut. Jahrelang haben Sie sich vielleicht unsichtbar oder unwürdig gefühlt, Aufmerksamkeit zu erhalten, während Sie still die Last der emotionalen Bedürfnisse Ihrer Familie trugen. Vielleicht hatten Sie das Gefühl, dass Sie für den reibungslosen Ablauf verantwortlich waren, sei es bei der Bewältigung des Chaos oder beim Versuch, den

Frieden um jeden Preis zu wahren. Aber irgendwo auf dem Weg hast du dich selbst aus den Augen verloren. Die Person, die am wichtigsten war – DU – wurde zu einem nachträglichen Gedanken.

Wenn Sie mitnicken, sind Sie nicht allein. Es ist nicht ungewöhnlich, dass erwachsene Kinder narzisstischer Eltern mit der Selbstfürsorge zu kämpfen haben, weil wir darauf konditioniert wurden, uns selbst an die letzte Stelle zu setzen. Die Herausforderung besteht jedoch darin, dass eine zu lange Vernachlässigung einen Tribut fordern kann. Nicht nur emotional, sondern auch körperlich, geistig und spirituell. Dein Körper und dein Geist können nur eine begrenzte Menge aushalten, bevor sie sich auf eine Weise zeigen, die du nicht mehr ignorieren kannst – Müdigkeit, Angstzustände, Reizbarkeit und sogar körperliche Beschwerden. Wenn du ständig gibst, gibt es irgendwann nichts mehr zu geben. Hier wird Selbstfürsorge nicht nur zu einem Luxus, sondern zu einer absoluten Notwendigkeit für Ihre Heilung.

Warum Selbstfürsorge für die Heilung unerlässlich ist

Selbstfürsorge wird oft mit Verwöhnung oder Genuss verwechselt, aber sie ist so viel mehr als das. Für jemanden wie dich, der einen Großteil seines Lebens damit verbracht hat, andere in den Vordergrund zu stellen, ist Selbstfürsorge ein Akt der **Selbstachtung** und **Selbstliebe**. Es geht darum, zu erkennen, dass du wichtig bist, dass dein Wohlbefinden genauso wichtig ist wie das aller anderen und dass du es verdienst, dich ganz, gesund und glücklich zu fühlen. Sich um sich selbst zu kümmern, ist nicht egoistisch; Es ist wichtig für die Heilung, das Wachstum und letztendlich dafür, die beste Version von sich selbst zu werden.

Der Heilungsprozess von narzisstischem Missbrauch verläuft nicht linear und kann sich oft wie ein langsamer Aufstieg anfühlen. Selbstfürsorge hilft, die Belastung zu lindern und versorgt Sie mit der emotionalen und körperlichen Energie, um weiterzumachen. Wenn du dir die Zeit nimmst, dich selbst zu pflegen, sendest du auch eine starke Botschaft an dein Unterbewusstsein: **Du bist es wert, dich um dich zu kümmern.** Es ist eine Form, die Liebe und Aufmerksamkeit zurückzugewinnen, die dir in der Vergangenheit vielleicht verweigert wurde. Durch Selbstfürsorge kannst du nach und nach das Selbstgefühl wieder aufbauen, das durch narzisstische Erziehung untergraben wurde.

Praktische Tipps zur Selbstfürsorge

Lassen Sie uns nun darüber sprechen, wie Sie tatsächlich anfangen können, sich um sich selbst zu kümmern. Es mag sich anfangs entmutigend anfühlen, besonders wenn Sie Jahre damit verbracht haben, Ihre Bedürfnisse zu vernachlässigen. Aber der Schlüssel ist, klein anzufangen und Konsistenz aufzubauen. Hier sind einige praktische Tipps, die Ihnen helfen, Selbstfürsorge in Ihren Alltag zu integrieren:

1. Körperliche Selbstfürsorge: Nähren Sie Ihren Körper

Sich um seinen Körper zu kümmern, ist ein wesentlicher Bestandteil der Heilung. Das bedeutet nicht, dass Sie sich für ein intensives Trainingsprogramm anmelden oder Ihre gesamte Ernährung überarbeiten müssen. Beginnen Sie mit einfachen Veränderungen, die Ihnen ein gutes Gefühl geben.

- **Bewegen Sie sich:** Körperliche Aktivität muss nicht intensiv sein. Schon ein kurzer Spaziergang, Dehnübungen oder Yoga können helfen, aufgebaute Spannungen abzubauen und die Stimmung zu heben.

- **Achtsam essen:** Nähren Sie Ihren Körper mit gesunden, ausgewogenen Mahlzeiten. Achte darauf, wie du dich bei bestimmten Lebensmitteln fühlst – wähle solche, die dir Energie geben, anstatt dich auszulaugen.

- **Schlafen Sie gut:** Ruhe ist entscheidend für die emotionale und körperliche Erholung. Erstellen

Sie eine beruhigende Schlafenszeit-Routine und streben Sie 7-9 Stunden Schlaf pro Nacht an.

2. Emotionale Selbstfürsorge: Kümmere dich um dein Herz

Sich um deine Emotionen zu kümmern bedeutet, anzuerkennen, wie du dich fühlst, und dir selbst die Erlaubnis zu geben, diese Gefühle ohne Urteil zu erleben.

- **Journaling:** Schreiben kann eine unglaublich therapeutische Möglichkeit sein, deine Emotionen zu verarbeiten. Nimm dir jeden Tag ein paar Minuten Zeit, um über deine Gedanken und Gefühle nachzudenken.

- **Übe Dankbarkeit:** Wenn du deinen Fokus auf das verlagerst, wofür du dankbar bist, kann das helfen, negative Gedanken neu zu formulieren. Beginne ein Dankbarkeitstagebuch und notiere jeden Tag drei Dinge, für die du dankbar bist.

- **Verbinde dich mit anderen:** Isolation kann ein Nebenprodukt von narzisstischem Missbrauch sein, aber gesunde Beziehungen sind ein wichtiger Bestandteil der Selbstfürsorge. Suche dir unterstützende Freunde, Gruppen oder einen Therapeuten, der dir Verständnis und Bestätigung bieten kann.

3. Mentale Selbstfürsorge: Räumen Sie das Durcheinander auf

Ihr Geist hat wahrscheinlich viel durchgemacht, und es ist wichtig, Raum für Klarheit und Ruhe zu schaffen.

- **Meditation oder Achtsamkeit:** Achtsamkeit hilft Ihnen, präsent zu bleiben und die überwältigenden Auswirkungen von Angst und Stress zu reduzieren. Schon ein paar Minuten am Tag können einen großen Unterschied machen.

- **Begrenzen Sie negative Eingaben:** Wenn bestimmte Menschen, Medien oder Umgebungen negative Gedanken oder Emotionen auslösen, setzen Sie Grenzen und begrenzen Sie Ihre Exposition gegenüber ihnen. Sie verdienen Ruhe.

- **Grenzen setzen:** Es ist wichtig, mentalen Raum zu schaffen, indem man Grenzen zu anderen setzt — sei es, die Zeit mit toxischen Personen zu begrenzen oder Nein zu Dingen zu sagen, die dich auslaugen.

Konsistenz ist der Schlüssel

Der wichtigste Teil der Selbstfürsorge besteht nicht nur darin, mit der Selbstfürsorge anzufangen — sie besteht **darin, dabei zu bleiben**. Es ist leicht, in alte Gewohnheiten zurückzufallen, sich selbst an die letzte Stelle zu setzen, besonders wenn man so viel Zeit damit verbracht hat, sich um andere zu kümmern. Aber Beständigkeit ist das, was Selbstfürsorge von einem gelegentlichen Luxus in eine regelmäßige Praxis verwandelt, die Ihre emotionale Gesundheit und Heilung erhält.

Betrachten Sie die Selbstfürsorge als einen nicht verhandelbaren Teil Ihres Tages, wie das Zähneputzen oder ausreichend Schlaf. Es könnte sich anfangs unangenehm anfühlen, besonders wenn du darauf konditioniert wurdest, dich schuldig zu fühlen, weil du dir Zeit für dich selbst genommen hast. Aber denken Sie daran, dass Selbstfürsorge nicht egoistisch ist – sie ist ein wichtiger Akt der Selbstachtung.

Reflexionsübung: Erstellen Sie Ihren persönlichen Selbstfürsorgeplan

Um auf dem richtigen Weg zu bleiben, nehmen Sie sich einen Moment Zeit, um über Ihre eigenen Bedürfnisse nach Selbstfürsorge nachzudenken. Was gibt dir das Gefühl, genährt, ausgeruht und unterstützt zu werden? Schreiben Sie Ihre Antworten auf und erstellen Sie einen personalisierten Selbstfürsorgeplan. Beziehen Sie körperliche, emotionale und mentale Praktiken ein, die mit Ihnen in Resonanz stehen. Sobald Sie Ihren Plan haben, verpflichten Sie sich, jeden Tag mindestens eine dieser Übungen in Ihre Routine zu integrieren, auch wenn es nur für 10 Minuten ist. Wenn du anfängst, deine

Fortschritte zu verfolgen, achte darauf, wie sich dein emotionaler und körperlicher Zustand im Laufe der Zeit verbessert. Reflektieren Sie die Vorteile, die Sie erleben, und feiern Sie jeden Schritt nach vorne.

ERSCHAFFE EIN LEBEN, DAS DU LIEBST

Vom Überleben zum Gedeihen

Kapitel 7

Beziehungen Schritt für Schritt heilen

Mit einem narzisstischen Elternteil aufzuwachsen bedeutet oft, sich in einem Labyrinth komplexer Emotionen zurechtzufinden, wenn es um Beziehungen geht. Wenn du anfängst zu heilen, könntest du dich mit der schmerzhaften, aber unvermeidlichen Frage auseinandersetzen: *Was ist mit den Beziehungen, die mich immer noch im Griff haben?* Vielleicht ist es ein Elternteil, ein Geschwisterkind oder sogar ein Freund, der die Grenzen, die du gesetzt hast, oder die Veränderungen, die du vorgenommen hast, nicht vollständig versteht. Du fühlst dich vielleicht hin- und hergerissen zwischen dem Wunsch, alte Wunden zu heilen, und dem Instinkt, dich vor weiteren Verletzungen zu schützen. Es ist eine emotionale Gratwanderung, die viele erwachsene Kinder von Narzissten vollziehen, die sich nach Verbundenheit sehnen und gleichzeitig Raum brauchen, um ihren neu gefundenen Frieden zu schützen. Der Wiederaufbau dieser Beziehungen kann sich entmutigend anfühlen, aber es ist möglich, sie mit Klarheit und Absicht anzugehen und zu erkennen, was es wert ist, gerettet zu werden und was besser zurückgelassen werden sollte.

Wenn dieses Szenario bei Ihnen Anklang findet, sind Sie nicht allein. Viele erwachsene Kinder narzisstischer Eltern kämpfen mit dem emotionalen Konflikt, Beziehungen wieder aufbauen zu wollen und sich gleichzeitig vor weiteren Verletzungen schützen zu müssen. Genau die Menschen, die dich nähren und unterstützen sollten, werden oft zu denen, die dir das Gefühl geben, unwürdig, ungültig oder unsichtbar zu sein. Auf deinem Heilungsweg ist es nur natürlich, sich zu fragen: *Wie baue ich Beziehungen zu Menschen wieder auf, die so viel Schmerz verursacht haben?* Es ist eine Frage, auf die es keine einfache Antwort gibt, aber es ist möglich, sich diesen Beziehungen mit Absicht, Heilung und Klarheit zu nähern.

Dieses Kapitel ist hier, um dich durch einen der komplexesten Teile deiner Genesung zu führen:

Beziehungen zu heilen. Beim Wiederaufbau von Verbindungen nach dem Aufwachsen mit einem narzisstischen Elternteil geht es nicht darum, alles in Ordnung zu bringen oder zu erwarten, dass die Dinge wieder "normal" werden. Es geht darum, zu verstehen, was möglich ist, zu lernen, Vergebung zu Ihren Bedingungen zu navigieren und Verbindungen zu schaffen, die es Ihnen ermöglichen, emotional zu gedeihen – sei es, alte Wunden zu heilen oder manchmal Beziehungen loszulassen, die Ihnen nicht mehr dienen.

Auf den folgenden Seiten werden wir untersuchen, wie Sie wichtige Entscheidungen darüber treffen können, in welche Beziehungen Sie investieren sollten, wie Sie mit Vergebung umgehen – sowohl für sich selbst als auch für andere – und wie Sie in Zukunft gesündere, authentischere Verbindungen aufbauen können. Hier finden Sie Einblicke, Strategien und persönliche Geschichten, die Ihnen helfen, diese Reise mit Einfühlungsvermögen, Verständnis und Zuversicht zu meistern. Denke daran, dass es in diesem Kapitel nicht darum geht, dich zu zwingen, dich mit allen in deinem Leben zu versöhnen. Es geht darum, Ihnen zu helfen, ein Gleichgewicht zu finden, das es Ihnen ermöglicht, zu heilen, zu wachsen und ein Leben voller gesunder Beziehungen zu schaffen, die Ihr emotionales Wohlbefinden unterstützen. Es ist an der Zeit, die Macht zurückzugewinnen, Ihre Verbindungen so zu gestalten, dass sie widerspiegeln, wer Sie wirklich sind.

Wer verdient einen Platz an Ihrem Tisch?

Denke einen Moment über die Menschen in deinem Leben nach. Von wem fühlen Sie sich erhoben und unterstützt? Und wer lässt dich erschöpft, unwürdig oder ängstlich zurück? Auf dieser Reise der Heilung ist es wichtig, einen Schritt zurückzutreten und über die Beziehungen nachzudenken, die dich wirklich nähren, und über diejenigen, die deinem Wachstum schaden oder es behindern. Als erwachsenes Kind von Narzissten kann deine Fähigkeit, diese Beziehungen zu beurteilen und zu bewerten, durch vergangene emotionale Manipulation oder eine Vorgeschichte der Verwechslung von Toxizität mit Liebe getrübt werden. Aber jetzt haben Sie die Macht zu entscheiden, wer einen Platz an Ihrem Tisch bekommt.

Bei der Entscheidung, welche Beziehungen wiederhergestellt und welche freigegeben werden sollen, ist es wichtig, einige Schlüsselfaktoren zu berücksichtigen. Erstens **ist gegenseitiger Respekt** unerlässlich. Gesunde Beziehungen basieren auf einem Fundament des Respekts, auf dem beide Parteien die Meinungen, Bedürfnisse und Grenzen des anderen schätzen. Wenn du derjenige bist, der immer gibt, aber wenig oder gar keinen Respekt im Gegenzug erhält, ist es vielleicht an der Zeit, es neu zu bewerten. Gesunde Verbindungen beruhen auf Gegenseitigkeit – beide Parteien investieren in die Beziehung und fühlen sich wertgeschätzt.

Schauen Sie sich als Nächstes den **Support an**. Fördern die Menschen in deinem Leben dein Wachstum und dein Wohlbefinden, oder scheinen sie deine Energie und dein Selbstwertgefühl zu zehren? Bei echter Unterstützung geht es nicht darum, zu retten oder zu reparieren, sondern darum, präsent zu sein, deine Träume zu fördern und dir in schwierigen Zeiten zur Seite zu stehen. Wenn jemand ständig deine Bemühungen untergräbt oder deine Gefühle herabsetzt, lohnt es sich, sich zu fragen, ob er wirklich einen Platz in deinem Leben verdient.

Schließlich ist **emotionale Sicherheit** nicht verhandelbar. Du solltest dich sicher fühlen, dich selbst, deine Bedürfnisse und deine Emotionen auszudrücken, ohne Angst vor Verurteilung, Manipulation oder Vergeltung haben zu müssen. Wenn du dich in einer Beziehung nervös fühlst, ständig auf Eierschalen läufst oder wenn deine Emotionen regelmäßig entkräftet werden, könnte es an der Zeit sein, diese Verbindung loszulassen.

Es kann schwierig sein, Beziehungen objektiv zu bewerten, besonders wenn dir beigebracht wurde, deine Gefühle zugunsten der Bedürfnisse anderer zu ignorieren. Beginnen Sie damit, **sich vergangene Verhaltensweisen anzusehen**. Wie haben dich die Menschen um dich herum in der Vergangenheit behandelt? Haben sie dich unterstützt oder haben sie deine Freundlichkeit und Verletzlichkeit ausgenutzt? Achten Sie auf die **aktuelle Dynamik**. Befinden Sie sich immer noch in den gleichen ungesunden Mustern oder gibt es Raum für Wachstum und Veränderung? Und vergessen Sie nicht **das Potenzial für positive Veränderungen**. Menschen können wachsen und sich weiterentwickeln, aber die Frage ist, ob sie bereit sind, sich für eine gesündere Dynamik mit Ihnen einzusetzen.

Das Loslassen von Beziehungen kann einer der schmerzhaftesten Schritte auf deiner Heilungsreise sein. Die Trauer, die mit der Entlassung von jemandem einhergeht, den du einst geliebt hast – oder der vielleicht immer noch eine Rolle in deinem Leben spielt – kann überwältigend sein. Vielleicht fühlst du dich schuldig, traurig oder hast sogar Angst vor dem Unbekannten. Diese Emotionen sind berechtigt. Aber es ist wichtig, sich daran zu erinnern, dass das Loslassen, genau wie das Heilen, ein Prozess ist. Es mag jetzt weh tun, aber mit der Zeit wird es dich dem Frieden, der Freiheit und der Selbstachtung näher bringen, die du verdienst.

Um Ihnen bei diesem Prozess zu helfen, nehmen Sie sich etwas Zeit zum Nachdenken. Fragen Sie sich: Welche Beziehungen bringen mir Ruhe und Kraft? Welche saugen mich ständig aus oder geben mir das Gefühl, weniger wert zu sein? Schreibe deine Gedanken und Gefühle auf – manchmal kann das Aufschreiben von Dingen Klarheit und Befreiung geben. Vielleicht möchtest du sogar zwei Listen erstellen: eine für Beziehungen, in die es sich zu investieren lohnt, und eine andere für diejenigen, die dir nicht mehr dienen. Wenn du das tust, wirst du anfangen, die Muster zu erkennen, und langsam aber sicher wirst du den Raum schaffen, dein Leben mit denen zu füllen, die dich wirklich unterstützen und respektieren.

Während du durch diesen Prozess navigierst, denke daran, dass du Beziehungen wert bist, die dein Wachstum, deine emotionalen Bedürfnisse und deinen inneren Wert würdigen. Nimm dir die Zeit, mit Bedacht zu wählen, wer Teil deines Lebens sein darf, und vertraue vor allem dir selbst. Du hast die Weisheit, den Unterschied zwischen denen zu erkennen, die dich erheben, und denen, die dich zurückhalten.

Wann man vergeben sollte (und wann man weggehen sollte)

Vergebung ist einer der komplexesten und am meisten missverstandenen Aspekte der Heilung. Für erwachsene Kinder von Narzissten fühlt sich das Konzept oft in gesellschaftlichen Erwartungen, religiösen Lehren oder familiärem Druck verstrickt. Vielleicht wurde dir schon einmal gesagt: "Du musst ihnen vergeben – sie sind immer noch deine Eltern", oder sogar, dass Vergebung der einzige Weg ist, um wirklich zu heilen. Aber lassen Sie uns hier eine Pause einlegen und diese Vorstellung auspacken. Vergebung kann zwar befreiend sein, aber es ist keine Einheitslösung, und sie erfordert sicherlich nicht, dass du dich anhaltendem Schaden oder einer unveränderlichen Beziehung aussetzt.

Im Kern ist Vergebung eine zutiefst persönliche Entscheidung. Es geht darum, den Griff zu lösen, den die Handlungen einer Person auf Ihren emotionalen Zustand haben, damit Sie vorankommen können. Aber hier ist der Haken: Vergebung muss nicht Versöhnung bedeuten. Es ist durchaus möglich – und berechtigt –, jemandem in deinem Herzen zu vergeben, ohne ihn wieder in dein Leben einzuladen. Für erwachsene Kinder von Narzissten ist diese Unterscheidung entscheidend. Narzisstische Eltern wehren sich oft gegen die Rechenschaftspflicht und machen eine echte Versöhnung schwierig oder sogar unmöglich. Bei der Vergebung geht es in diesem Zusammenhang nicht darum, ihr Verhalten zu entschuldigen oder zu vergessen. Stattdessen geht es darum, Ihre Ruhe und emotionale Autonomie zurückzugewinnen.

Verzeihen für deinen Frieden vs. Verzeihen für die Beziehung

Viele Menschen fühlen sich verpflichtet, zu vergeben, um Beziehungen zu reparieren oder aufrechtzuerhalten, insbesondere mit Familienmitgliedern. Vielleicht hören Sie Botschaften wie "Familien sind für immer" oder "Sie werden es eines Tages bereuen, den Kontakt abgebrochen zu haben". Aber seien wir ehrlich: Nicht jede Beziehung ist zu retten, und nicht jeder Mensch ist bereit – oder fähig – zur Veränderung. Für deinen Frieden zu vergeben bedeutet, dich von der Bitterkeit oder dem Groll zu befreien, die dich niederdrücken könnten. Es ist ein Geschenk, das du dir selbst machst, nicht der anderen Person.

Auf der anderen Seite ist die Vergebung, um eine Beziehung zu bewahren, eine Entscheidung, die an Bedingungen geknüpft ist. Ist die andere Person wirklich reumütig? Sind sie bereit, an ihrem Verhalten zu arbeiten und Wiedergutmachung zu leisten? Schaffen sie eine sichere und respektvolle Umgebung, in der Sie wieder in Kontakt treten können? Wenn die Antwort auf diese Fragen nein ist, dann kann Vergebung um der Beziehung willen zu weiterer Enttäuschung und emotionalem Schaden führen.

Wenn Vergebung richtig sein könnte – und wann es Zeit ist, wegzugehen

Wie entscheiden Sie sich also? Hier ist ein Framework, das Ihnen bei der Bewertung hilft:

1. **Die Bereitschaft der anderen Person, sich zu ändern:** Ist sie in der Lage, den Schaden anzuerkennen, den sie verursacht hat? Haben sie sich konsequent bemüht, ihr Verhalten zu verbessern? Echter Wandel erfordert Verantwortung und Handeln, nicht nur leere Entschuldigungen.

2. **Die Auswirkungen auf Ihr Wohlbefinden:** Fühlen Sie sich durch die Aufrechterhaltung der Beziehung ängstlicher, ausgelaugter oder unsicherer? Heilung erfordert, deinen Frieden zu

schützen und deiner psychischen Gesundheit Priorität einzuräumen, auch wenn das bedeutet, Distanz zu schaffen.

3. **Das Potenzial für zukünftigen Schaden:** Besteht die Gefahr, dass die Fortsetzung der Beziehung zu mehr emotionalem Schaden führen könnte? Muster der Manipulation, des Gaslightings oder des toxischen Verhaltens verschwinden selten ohne erheblichen Aufwand der verantwortlichen Person.

Wenn du dich entscheidest, wegzugehen, geht es nicht darum, unversöhnlich zu sein – es geht darum, deinen Wert zu ehren und zu erkennen, dass manche Beziehungen zu schädlich sind, um sie aufrechtzuerhalten. Loslassen kann eine der liebevollsten Entscheidungen sein, die du für dich selbst triffst.

Navigieren in der emotionalen Komplexität der Vergebung

Seien wir ehrlich: Vergebung ist nicht einfach. Es ist kein magischer Moment, in dem sich alles aufgelöst anfühlt, und er ist auch nicht immer linear. Vielleicht vergibst du heute jemandem in deinem Herzen, nur um morgen mit Wut oder Traurigkeit zu kämpfen. Das ist okay. Der

Prozess ist chaotisch, aber es ist auch eine Chance zu wachsen.

Beginne mit Selbstmitgefühl. Erinnere dich daran, dass du, egal welche Entscheidung du triffst – ob du verzeihst oder weggehst – dein Bestes mit den Informationen und Emotionen tust, die du gerade hast. Erlaube dir, die ganze Bandbreite an Emotionen zu fühlen, von Wut über Trauer bis hin zu Erleichterung.

Das Setzen von Grenzen ist ein weiterer wichtiger Teil des Umgangs mit Vergebung. Egal, ob du dich für eine Beziehung entscheidest oder nicht, Grenzen schützen deinen emotionalen Raum und helfen dir dabei, herauszufinden, was in Zukunft akzeptabel ist und was nicht. Wenn du verzeihst, dich aber immer noch auf die Person einlässt, mache deutlich, was sich ändern muss und was passieren wird, wenn diese Veränderungen nicht respektiert werden.

Zögern Sie nicht, Unterstützung zu suchen. Sprich mit einem vertrauenswürdigen Freund, schließe dich einer Selbsthilfegruppe an oder arbeite mit einem Therapeuten zusammen, der narzisstische Familiendynamiken versteht. Diese Verbündeten können dir helfen, deine Gefühle zu verarbeiten und in deinen Entscheidungen geerdet zu bleiben.

Reflexionsübung: Vergebung vs. Weggehen

Nimm dir etwas Zeit, um über die Beziehungen in deinem Leben nachzudenken. Fragen Sie sich:

- Ist diese Person bereit, die Verantwortung für ihr Handeln zu übernehmen?

- Wie wirkt sich ihre Anwesenheit auf mein emotionales Wohlbefinden aus?

- Fühle ich mich in dieser Beziehung sicher und respektiert?

Schreibe deine Gedanken in ein Tagebuch oder besprich sie mit jemandem, dem du vertraust. Wenn du darüber nachdenkst, wegzugehen, liste drei Möglichkeiten auf, wie diese Entscheidung dir Frieden bringen könnte. Listen Sie dann drei kleine Schritte auf, die Sie unternehmen können, um diese Distanz zu schaffen.

Selbstfürsorge, wie Sie entscheiden

Egal, ob du dich für Vergebung, Weggehen oder eine Mischung aus beidem entscheidest, denke daran, während dieses Prozesses für dich selbst zu sorgen. Beteiligen Sie sich an Aktivitäten, die Ihre Energie wieder auffüllen und Ihren Geist nähren — sei es Tagebuch schreiben, meditieren, Zeit in der Natur verbringen oder sich einfach nur ausruhen. Heilung ist eine Reise, und jeder Schritt nach vorne ist es wert, gefeiert zu werden.

Vergebung ist ein mächtiges Werkzeug, aber es ist keine Forderung. Es ist eine Option, die Sie wählen können – oder auch nicht – je nachdem, was Ihrem Wohlbefinden dient. Und egal, ob du verzeihst, weggehst oder irgendwo dazwischen Frieden findest, das Wichtigste ist: Du hast das Recht, deiner emotionalen Gesundheit Priorität einzuräumen und ein Leben frei von den Schatten der Vergangenheit zu führen.

Aufbau besserer Verbindungen

Beziehungen sind das Herzstück unseres Lebens, und egal, wie deine Vergangenheit ausgesehen hat, es ist nie zu spät, gesündere, erfüllendere Verbindungen aufzubauen. In diesem Kapitel dreht sich alles um Hoffnung – die Hoffnung, dass du die Muster der Dysfunktion durchbrechen kannst, die Hoffnung, dass du Beziehungen erleben kannst, die auf gegenseitigem Respekt und Fürsorge beruhen, und die Hoffnung, dass du Freude daran finden kannst, anderen gegenüber authentisch du selbst zu sein. Beim Aufbau besserer

Verbindungen geht es nicht um Perfektion. Es geht um Fortschritt, und jeder kleine Schritt nach vorne zählt.

Die Säulen gesunder Beziehungen

Gesunde Beziehungen entstehen nicht zufällig; Sie basieren auf Vertrauen, Respekt und emotionaler Sicherheit. Für erwachsene Kinder von Narzissten mögen sich diese Säulen zunächst fremd, ja sogar unerreichbar anfühlen. Aber wenn du anfängst, diese Komponenten zu verstehen und zu praktizieren, wirst du feststellen, dass sie das Fundament für sinnvolle und erfüllende Verbindungen bilden.

Ein Schlüsselelement ist **gegenseitiger Respekt** – die Fähigkeit, die Gedanken, Gefühle und Grenzen des anderen zu schätzen, ohne zu versuchen, ihn zu kontrollieren oder zu manipulieren. Im Gegensatz zu den einseitigen Dynamiken, die du vielleicht in deiner Kindheit erlebt hast, schafft gegenseitiger Respekt gleiche Wettbewerbsbedingungen, in denen sich beide Parteien gesehen und wertgeschätzt fühlen.

Eine offene Kommunikation ist ein weiterer Eckpfeiler. Das bedeutet nicht, alles über dein Leben zu teilen, sondern ehrlich, klar und bereit zuzuhören. Es geht darum, seine Bedürfnisse ohne Angst vor Verurteilung auszudrücken und offen dafür zu sein, die

Perspektiven anderer zu hören, auch wenn sie von den eigenen abweichen.

Gesunde Beziehungen zeichnen sich auch durch **emotionale Unterstützung aus.** Das bedeutet, in schwierigen Zeiten füreinander da zu sein und die Siege gemeinsam zu feiern. Für jemanden, der darauf konditioniert wurde, seine Gefühle zu unterdrücken oder die Bedürfnisse anderer in den Vordergrund zu stellen, kann es entmutigend sein, emotionale Unterstützung zu geben und zu erhalten. Aber wenn es gepflegt wird, wird es zu einem der lohnendsten Aspekte der Verbindung.

Schließlich stärken **gemeinsame Werte und gemeinsame Ziele** die Bindungen im Laufe der Zeit. Dazu können ähnliche Ansichten über Ehrlichkeit, Familie oder persönliches Wachstum gehören. Auch wenn es Unterschiede geben kann, fördern gemeinsame Werte die Ausrichtung und langfristige Harmonie.

Praktische Schritte zum Aufbau und zur Pflege besserer Beziehungen

Der Aufbau gesunder Beziehungen beginnt mit kleinen, umsetzbaren Schritten. Hier sind einige Möglichkeiten, wie Sie die Art und Weise, wie Sie sich verbinden, verändern können:

1. **Verbessern Sie Ihre Kommunikations fähigkeiten:**

Klare und respektvolle Kommunikation ist eine erlernte Fähigkeit, insbesondere wenn Sie in einem Umfeld aufgewachsen sind, in dem Gespräche voller Manipulation oder Kritik waren. Beginnen Sie damit, aktives Zuhören zu üben – konzentrieren Sie sich wirklich auf das, was die andere Person sagt, anstatt Ihre Antwort zu planen. Verwenden Sie "Ich"-Aussagen, wie z. B. "Ich bin verärgert, wenn..." um deine Gefühle auszudrücken, ohne sie zu beschuldigen oder anzugreifen.

2. **Grenzen setzen und respektieren:** Grenzen sind für die Aufrechterhaltung der emotionalen Sicherheit unerlässlich. Betrachte sie als die unsichtbaren Linien, die definieren, was in deinen Beziehungen in Ordnung ist und was nicht. Du könntest zum Beispiel entscheiden, dass du es nicht tolerierst, während einer Meinungsverschiedenheit angeschrien zu werden, oder dass du Zeit für dich allein brauchst, um dich aufzuladen. Diese Grenzen klar zu kommunizieren – und im Gegenzug die Grenzen anderer zu respektieren – schafft gegenseitiges Vertrauen und Respekt.

3. **Zeigen Sie Wertschätzung und Empathie:**
Nehmen Sie sich Zeit, um die positiven Beiträge
der Menschen in Ihrem Leben zu bemerken und
Ihre Dankbarkeit auszudrücken. Einfache Gesten,
wie einem Freund für seine Unterstützung zu
danken oder einem Partner ein Kompliment für
seine Freundlichkeit zu machen, tragen wesentlich
dazu bei, die Bindungen zu stärken. Ebenso
wichtig ist Empathie – die Fähigkeit, die Gefühle
eines anderen zu verstehen und zu teilen. Das
bedeutet nicht, ihre Probleme zu lösen, sondern zu
zeigen, dass Sie sich kümmern und bereit sind,
zuzuhören.

Die Rolle der Selbstwahrnehmung bei besseren Verbindungen

Bei gesunden Beziehungen geht es nicht nur darum, was
du an den Tisch bringst; Es geht auch darum, wie du dich
selbst zeigst. Selbsterkenntnis ist ein entscheidendes
Puzzleteil. Wenn du deine Auslöser, Bedürfnisse und
emotionalen Muster verstehst, bist du besser gerüstet,
um mit anderen auf eine Weise in Kontakt zu treten, die
sich authentisch und erfüllend anfühlt.

Persönliches Wachstum ist eine fortlaufende Reise, und
jeder Schritt, den du in Richtung Heilung machst,
verbessert deine Fähigkeit zur Verbindung. Egal, ob es
darum geht, zu lernen, mit Konflikten umzugehen, ohne

sich abzuschalten, sich der Angst vor dem Verlassenwerden zu stellen oder Verletzlichkeit anzunehmen, die Arbeit, die du an dir selbst leistest, wird sich auf deine Beziehungen auswirken.

Reflexionsübung: Planen Sie Ihren Weg zu gesünderen Verbindungen

Nimm dir ein paar Augenblicke Zeit, um über deine aktuellen Beziehungen nachzudenken. Fragen Sie sich:

- Welche Beziehungen fühlen sich gesund und unterstützend an? Was macht sie gut?

- Gibt es Verbindungen, die sich anstrengend oder unausgeglichen anfühlen? Woran liegt das Ihrer Meinung nach?

____

____

____

____

____

____

- Was ist ein kleiner Schritt, den Sie heute unternehmen können, um eine bestimmte Beziehung zu verbessern?

____

____

____

____

Schreiben Sie nun einen Aktionsplan auf. Wenn du dich zum Beispiel von einem Freund getrennt fühlst, könntest du dich entscheiden, dich zu melden und ein Treffen zu vereinbaren. Wenn sich eine Beziehung unausgeglichen anfühlt, könntest du üben, eine Grenze zu setzen, z. B. eine Anfrage abzulehnen, die sich überwältigend anfühlt.

Wenn Sie daran arbeiten, bessere Verbindungen aufzubauen, denken Sie daran, dass Veränderungen Zeit brauchen. Feiern Sie die kleinen Erfolge, wie z. B. ein offenes Gespräch zu führen oder an einer Grenze festzuhalten. Verzeihen Sie sich selbst für Fehltritte und verstehen Sie, dass Wachstum nicht linear verläuft – es ist eine Reihe von Schritten vorwärts, rückwärts und seitwärts. Der Schlüssel ist, weiterzumachen und darauf zu vertrauen, dass jede Anstrengung Sie den bedeutungsvollen Beziehungen näher bringt, die Sie verdienen.

Gesunde Beziehungen sind für dich möglich. Du musst nicht ewig das Gewicht vergangener Muster mit dir herumtragen. Wenn du dich mit dir selbst und anderen in Verbindung bringst, wirst du feststellen, dass die Bindungen, die du schaffst, nicht nur stärker, sondern auch reicher und lohnender sind, als du es dir jemals vorgestellt hast.

Kapitel 8

Finde deine Stimme und lebe deine Wahrheit

Jahrelang hatten Sie vielleicht das Gefühl, dass Ihre Gedanken und Meinungen nicht zählten. Vielleicht wurden deine Worte jedes Mal, wenn du versucht hast, dich auszudrücken, abgetan, verdreht oder ignoriert. Mit der Zeit haben Sie gelernt, dass es einfacher – und sicherer – ist, zu schweigen. Die Gewohnheiten der Selbstzensur, des Gefallens an anderen und des Stellens der Bedürfnisse anderer über die eigenen wurden zur zweiten Natur. Doch tief in dir hat sich ein Teil von dir schon immer danach gesehnt, gehört, verstanden und geschätzt zu werden.

Mit einem narzisstischen Elternteil aufzuwachsen bedeutet oft, in einer Welt zu leben, in der die Stimme eines anderen die eigene übertönt. Deine Bedürfnisse, Gefühle und Vorlieben wurden von ihren Anforderungen überschattet und ließen dir wenig Raum, um herauszufinden, wer du wirklich bist. Jetzt, als Erwachsener, kann es sich sowohl überwältigend als auch ungewohnt anfühlen, seine Stimme zurückzuerobern. Es kann sogar Schuldgefühle oder Ängste schüren – was ist, wenn das Sprechen zu Konflikten oder Ablehnung führt? Diese Gefühle sind berechtigt, aber sie müssen dich nicht mehr kontrollieren.

Dieses Kapitel markiert einen Wendepunkt auf deiner Heilungsreise. Um deine Stimme zu finden, geht es um mehr als nur darum, deine Meinung zu sagen; Es geht darum, sich wieder mit deinem authentischen Selbst zu verbinden. Es ist der Prozess, die Person wiederzuentdecken, die man schon immer sein sollte, bevor die eigene Identität von den Erwartungen und der Kontrolle eines anderen geprägt wurde. Es geht darum, deine Macht zurückzuholen und ein Leben zu führen, das sich für dich richtig anfühlt.

Deine Stimme zurückzugewinnen, mag sich zunächst wie das Erlernen einer neuen Sprache anfühlen, aber es ist einer der stärkendsten Schritte, die du unternehmen wirst. Du verdienst es, deine Wünsche auszudrücken, deine Grenzen zu setzen und die Dinge zu verfolgen, die dich erleuchten, ohne dich zu entschuldigen.

In diesem Kapitel erfahren Sie, wie Sie Ihr Leben Schritt für Schritt in die Hand nehmen können. Du lernst, wie du erkennst, was du wirklich willst, Leidenschaften und Hobbys wiederentdeckst, die dir Freude bereiten, und den Mut aufbaust, dein authentisches Selbst anzunehmen. Auf dem Weg dorthin erzählen wir Geschichten aus dem wirklichen Leben von anderen, die diesen Weg gegangen sind, und Sie finden praktische Übungen, die Ihnen helfen, sich aus der Stille zu befreien, die Sie zurückgehalten hat.

Dies ist dein Moment, um ins Licht zu treten, deine Stimme hören zu lassen und mutig und kompromisslos zu leben. Lassen Sie uns gemeinsam den ersten Schritt machen.

Übernehmen Sie die Kontrolle über Ihr Leben

Das Leben mit einem narzisstischen Elternteil fühlt sich oft an, als würde man durch ein Labyrinth navigieren, aus dem es keinen klaren Ausgang gibt. Vielleicht erstarren Sie in Unentschlossenheit über die einfachsten Entscheidungen und fragen sich, ob Sie jemals "gut genug" sein werden, um die richtige Entscheidung zu treffen. Vielleicht ist es die lähmende Angst, sich für ein Outfit, eine Mahlzeit oder sogar einen Karriereweg zu entscheiden, die immer von der Angst vor Verurteilung oder Versagen verfolgt wird. Diese Momente, ob klein oder groß, spiegeln den tieferen Kampf wider, so lange unter der Kontrolle eines anderen zu leben. Für viele erwachsene Kinder von Narzissten fühlt sich die Vorstellung, ihr Leben selbst in die Hand zu nehmen, sowohl befreiend als auch beängstigend an – eine Fähigkeit, die ihnen nie beigebracht wurde, die sie aber dringend lernen müssen.

Wenn du im Schatten eines narzisstischen Elternteils aufwächst, bedeutet das oft, dass du nicht den Raum hattest, zu erforschen, wer du bist oder was du willst. Vielleicht wurde dir gesagt, was du anziehen, was du mögen und sogar was du denken sollst. Vielleicht wurden Ihre Versuche, Ihre Unabhängigkeit zu behaupten, mit Spott oder Schuldgefühlen beantwortet. Mit der Zeit kann es dazu führen, dass du das Gefühl hast, dass deine Entscheidungen keine Rolle spielen – oder schlimmer noch, dass du nicht in der Lage bist, gute Entscheidungen zu treffen. Aber hier ist die Wahrheit: Es ist nicht nur möglich, die Kontrolle über dein Leben zurückzugewinnen; Es ist wichtig. Es ist der erste Schritt, um die Person zu werden, die du schon immer sein solltest.

Warum Ihre Entscheidungen wichtig sind

Die Kontrolle zurückzugewinnen beginnt damit, zu erkennen, dass deine Entscheidungen *wichtig sind* – weil sie dir gehören. Vielleicht hast du so lange nach dem Drehbuch eines anderen gelebt und versucht, Erwartungen zu erfüllen, die nie wirklich deine waren. Die Entscheidungen, die du triffst, egal wie klein sie sind, sind eine Möglichkeit, deine einzigartige Perspektive und deine Wünsche zu würdigen. Wenn du dir erlaubst, zu träumen, Ziele zu setzen und das zu verfolgen, was dir wirklich wichtig ist, bestätigst du deinen Wert und forderst die Autonomie zurück, die dir vielleicht jahrelang verwehrt wurde.

Aber seien wir ehrlich: Das ist nicht einfach. Nach Jahren, in denen man – direkt oder indirekt – gesagt bekommt, dass die eigenen Entscheidungen falsch oder unwichtig sind, ist es ganz natürlich, sich zögerlich, ja sogar gelähmt zu fühlen. Du fragst dich vielleicht, ob du deinen Instinkten vertrauen kannst. Die gute Nachricht ist, dass das Lernen, sich selbst zu vertrauen, wie der Aufbau eines Muskels ist. Es braucht Übung, aber jeder Schritt nach vorne macht dich stärker.

Klein anfangen, groß träumen

Wenn sich der Gedanke, die Kontrolle zu übernehmen, überwältigend anfühlt, beginnen Sie mit kleinen, alltäglichen Entscheidungen. Geben Sie sich selbst die Erlaubnis zu wählen, was Sie zum Abendessen möchten, welchen Film Sie sich ansehen möchten oder wie Sie Ihr Wochenende verbringen möchten. Diese scheinbar unbedeutenden Entscheidungen schaffen das nötige Selbstvertrauen, um später größere Entscheidungen zu treffen.

Verbinde dich gleichzeitig wieder mit den Träumen, die du vielleicht beiseite geschoben hast. Fragen Sie sich: *Was will ich wirklich im Leben?* Vielleicht wollten Sie schon immer wieder zur Schule gehen, sich beruflich verändern oder die Welt bereisen. Oder vielleicht ist Ihr Traum so einfach – und so tiefgründig – wie ein Zuhause voller Liebe und Sicherheit zu schaffen. Was auch immer es ist, dies ist Ihre Chance, ihm die Aufmerksamkeit zu schenken, die es verdient.

Um deine Träume zu verdeutlichen, probiere diese Übung aus: Nimm dir Zeit, um alles aufzuschreiben, was du verfolgen würdest, wenn Angst oder Verurteilung dich nicht zurückhalten würden. Lass es fließen, ohne dich selbst zu zensieren. Sobald Sie Ihre Liste haben, wählen Sie ein Ziel aus, das Sie am meisten begeistert. Hier beginnt Ihre Reise.

Erstellen eines Plans für Ihre Ziele

Träume sind mächtig, aber sie brauchen einen Plan, um Wirklichkeit zu werden. Unterteilen Sie Ihr gewähltes Ziel in kleinere, überschaubare Schritte. Wenn Sie beispielsweise davon träumen, eine neue Karriere zu beginnen, könnte Ihr erster Schritt darin bestehen, Kurse oder Zertifizierungen zu recherchieren. Legen Sie als Nächstes einen Zeitplan fest und priorisieren Sie diese Schritte. Feiern Sie jeden noch so kleinen Meilenstein als Sieg.

Es ist auch hilfreich, eine visuelle Erinnerung an Ihre Ziele zu erstellen. Ein Vision Board – eine Collage aus Bildern und Wörtern, die Ihre Träume darstellen – kann Sie an schwierigen Tagen inspirieren. Oder führen Sie ein Tagebuch, in dem Sie Ihre Fortschritte verfolgen und darüber nachdenken, wie weit Sie gekommen sind. Diese Tools dienen als greifbarer Beweis dafür, dass Sie jetzt die Kontrolle über Ihr Leben haben.

Der Angst vor der Unabhängigkeit begegnen

Angst ist ein natürlicher Teil dieses Prozesses. Vielleicht machst du dir Sorgen, Fehler zu machen oder andere zu enttäuschen. Aber denken Sie daran: Fehler sind nur Gelegenheiten zum Lernen, und in Ihrem Leben geht es nicht mehr darum, es allen anderen recht zu machen. Der Aufbau von Selbstvertrauen braucht Zeit, also sei geduldig mit dir selbst.

Eine Möglichkeit, Angst zu bekämpfen, besteht darin, zu üben, auf Ihre Instinkte zu hören. Beginnen Sie mit Situationen, in denen wenig auf dem Spiel steht, z. B. bei der Entscheidung, welches Buch Sie als nächstes lesen möchten. Mit der Zeit wirst du anfangen, diese innere Stimme zu erkennen – diejenige, die so lange zum Schweigen gebracht wurde – und lernen, ihr zu vertrauen.

Eine andere Strategie besteht darin, sich mit unterstützenden Menschen zu umgeben, die Ihre Unabhängigkeit fördern. Egal, ob es sich um Freunde, einen Therapeuten oder eine Online-Community handelt, Cheerleader auf Ihrer Reise zu haben, macht den Unterschied.

Reflektieren Sie Ihre nächsten Schritte

Nehmen Sie sich zum Schluss etwas Zeit, um darüber nachzudenken, was es für Sie persönlich bedeutet, die Kontrolle zu übernehmen. Fragen Sie sich:

1. *Was ist ein Bereich in meinem Leben, in dem ich mich bereit fühle, etwas zu verändern?*

____

____

____

____

____

____

2. *Was hält mich zurück und wie kann ich es überwinden?*

____

____

____

____

____

3. *Welchen kleinen Schritt kann ich heute gehen, um meinen Zielen näher zu kommen?*

Schreiben Sie Ihre Antworten auf und wiederholen Sie sie oft. Sie sind ein Wegweiser für das Leben, das Sie aufbauen – ein Leben, in dem Sie das Sagen haben und sich endlich frei fühlen.

Wenn du die Kontrolle über dein Leben zurückgewinnst, geht es nicht darum, beim ersten Mal alles richtig zu machen. Es geht darum, für sich selbst einzustehen, eine Entscheidung nach der anderen. Und mit jeder Entscheidung, die du triffst, beweist du dir selbst, dass du fähig, verdienstvoll und unaufhaltsam bist.

Das tun, was dich glücklich macht

Stell dir eine Version von dir selbst vor, in der Freude kein ferner Traum oder ein flüchtiger Moment ist, sondern eine stetige, beruhigende Präsenz, die in das Gewebe deines täglichen Lebens eingewoben ist. Diese Version von dir existiert – sie ist real und erreichbar. Der Schlüssel liegt darin, sich wieder mit den Aktivitäten und Beschäftigungen zu verbinden, die deine Seele wirklich erleuchten. Glück, wahres Glück, ist nicht egoistisch oder nachsichtig. Es ist der Treibstoff, der dich widerstandsfähig hält, der Funke, der dich daran erinnert, dass das Leben mehr sein kann als nur Überleben – es kann erfüllend sein.

Für erwachsene Kinder von Narzissten fühlt sich das Konzept, nach persönlichem Glück zu streben, jedoch oft fremd oder sogar riskant an. In einem Zuhause aufzuwachsen, das von einem narzisstischen Elternteil dominiert wird, könnte dazu geführt haben, dass deine Bedürfnisse, Wünsche und Interessen entweder abgetan, herabgesetzt oder als zweitrangig behandelt wurden. In vielen Fällen wurdest du vielleicht subtil – oder nicht so subtil – darauf konditioniert, Bestätigung und Anerkennung von anderen zu suchen, bevor du dir erlaubst, das zu verfolgen, was dir Spaß gemacht hat. Vielleicht wurde dir gesagt, dass deine Träume undurchführbar seien, deine Hobbys Zeitverschwendung seien oder dass deine Leistungen nicht ausreichen, um Lob zu verdienen. Im Laufe der Zeit hast du diese Botschaften vielleicht verinnerlicht und gelernt, das, was andere für dich wollten, über das zu stellen, was du wirklich für dich selbst wolltest.

Aber die Sache ist die: Du musst nicht mehr in diesem Raum leben. Die Vergangenheit hat dich geprägt, ja, aber sie muss nicht deine Zukunft bestimmen. Das Glück zurückzugewinnen bedeutet, das wiederzuentdecken, was dein Herz zum Singen bringt, ohne die Erlaubnis anderer zu brauchen. Es geht darum, aus dem Schatten der Bestätigung herauszutreten und selbstbewusst in seinem eigenen Licht zu stehen.

Entdecken Sie Ihre Freude neu

Beginnen Sie damit, sich eine einfache, aber kraftvolle Frage zu stellen: *Was macht mir Freude?* Die Antwort kommt vielleicht nicht sofort, und das ist in Ordnung. Für viele erwachsene Kinder von Narzissten können die Jahre, die sie damit verbringen, andere an die erste Stelle zu setzen, dazu führen, dass du dich von deinen eigenen Interessen und Leidenschaften getrennt fühlst. Dies ist Ihre Chance, sich wieder zu verbinden. Denke an eine Zeit zurück – vielleicht in der Kindheit, bevor die

Dinge kompliziert wurden –, in der du reine, ungezügelte Freude verspürt hast. War es Malen, ein Instrument spielen, lesen, Geschichten schreiben, laufen, tanzen oder Dinge bauen? Haben Sie Stunden damit verbracht, etwas zu erschaffen, die Natur zu erkunden oder sich neue Welten vorzustellen?

Wenn die Wiederbelebung alter Hobbys keinen Anklang findet, versuchen Sie, neue zu erkunden. Geben Sie sich selbst die Erlaubnis zum Experimentieren. Nehmen Sie an einem Kurs in etwas teil, auf das Sie schon immer neugierig waren, schließen Sie sich einer lokalen Gruppe an, die sich auf eine Aktivität konzentriert, oder probieren Sie einfach etwas aus, das Sie noch nie zuvor getan haben, wie Gartenarbeit, Basteln oder Wandern. Das Schöne an diesem Prozess ist, dass er dir gehört – es gibt keinen richtigen oder falschen Weg, um herauszufinden, was dich glücklich macht.

Raum für Glück schaffen

Das Leben ist hektisch und es kann sich so anfühlen, als gäbe es keine Zeit für irgendetwas anderes als Verantwortung. Aber es ist nicht nur wichtig, sich Raum für das zu schaffen, was Sie lieben, sondern unerlässlich. Fangen Sie klein an. Widme 15 Minuten am Tag oder eine Stunde pro Woche einem Hobby oder einer Aktivität, die dich begeistert. Behandeln Sie diese Zeit als nicht verhandelbar, genau wie ein Meeting oder eine Verabredung.

Suchen Sie nach Möglichkeiten, Ihre Leidenschaften in Ihr tägliches Leben zu integrieren. Wenn du zum Beispiel gerne schreibst, beginne morgens oder abends mit dem Tagebuchschreiben. Wenn Sie Kunst lieben, richten Sie sich eine kleine Kreativecke in Ihrem Zuhause ein. Wenn Sie von Verbindungen leben, treten Sie einer Gruppe oder Community bei, in der Sie Ihre Interessen mit Gleichgesinnten teilen können. Manchmal bedeutet das Streben nach Glück, das Umfeld zu schaffen, das es nährt.

Eine einfache Reflexionsübung

Nehmen Sie sich einen Moment Zeit, um sich mit Stift und Papier oder einem Tagebuch hinzusetzen. Schreiben Sie die folgenden Aufforderungen auf und beantworten Sie sie mit Bedacht:

1. Welche Aktivitäten oder Hobbys haben mir in der Vergangenheit Freude bereitet?

____

____

____

____

2. Auf welche neuen Aktivitäten war ich schon immer neugierig, habe es aber noch nie ausprobiert?

3. Wie fühle ich mich, wenn ich mir vorstelle, dass ich mich an diesen Aktivitäten beteilige?

____

____

____

____

4. Was ist ein kleiner Schritt, den ich heute machen
kann, um mehr davon in mein Leben zu bringen?

____

____

____

____

____

____

Wenn Sie sich nicht sicher sind, wo Sie anfangen sollen,
wählen Sie eine Aktivität aus, die Ihnen ins Auge sticht.
Probieren Sie es eine Woche lang aus und achten Sie
darauf, wie Sie sich dabei fühlen. Fühlen Sie sich
leichter, energiegeladener oder friedlicher? Wenn ja,

machen Sie weiter. Wenn nicht, gib dir selbst Gnade und gehe zu etwas anderem über. Das Ziel ist nicht, eine Fähigkeit zu beherrschen oder jemanden zu beeindrucken – es geht einfach darum, zu erkunden und zu genießen.

Die Kraft der Gemeinschaft

Wenn du unterstützende Menschen findest, die deine Interessen teilen, kann das die Reise noch bereichernder machen. Egal, ob du einem Buchclub, einer Online-Gruppe oder einem lokalen Kurs beitrittst, der Kontakt zu anderen, die das Gleiche schätzen, kann dich inspirieren und dir helfen, engagiert zu bleiben. Diese Gemeinschaften können Ihnen auch die Ermutigung und Bestätigung bieten, die Ihnen in Ihrer Kindheit vielleicht gefehlt hat.

Denken Sie daran, dass Glück nicht nur ein Endziel ist – es ist eine Übung. Indem du wiederentdeckst, was dich glücklich macht, und Platz dafür in deinem Leben schaffst, forderst du einen Teil von dir selbst zurück, der viel zu lange übersehen wurde. Jeder Schritt, den du in Richtung Freude machst, egal wie klein er ist, ist ein Schritt in Richtung Heilung und Ganzheit. Das haben Sie verdient. Immer.

Das wahre Ich werden

Nehmen wir zum Beispiel an, Sie stehen an einer Weggabelung. Auf einem Pfad liegt das vertraute Terrain der Gefälligkeit, des Selbstzweifels und der stillen Verzweiflung – das Leben, das du gekannt hast und das von den Erwartungen und Urteilen anderer geprägt ist. Der andere Weg ist unbekannt, aber vielversprechend. Es ist der Ort, an dem du endlich aus dem Schatten trittst, deine Wünsche ehrst und die Person umarmst, die du immer sein solltest. Dies ist die Reise, um dein wahres Selbst zu werden.

Nehmen wir zum Beispiel Maya. Aufgewachsen von einem überkritischen Vater und einer Mutter, die nur dann Anerkennung zu finden schien, wenn sie sich auszeichnete, verbrachte Maya Jahre damit, die Kunst zu perfektionieren, die zu sein, die alle anderen wollten. Sie wurde zur Verlässlichen, zur Friedensstifterin und zur Überfliegerin. Doch innerlich fühlte sie sich verloren und hohl. Erst mit Mitte 30, nach einer besonders schmerzhaften Trennung, wurde ihr klar, dass sich etwas ändern musste. Zum ersten Mal begann Maya, sich Fragen zu stellen, die sie ihr ganzes Leben lang vermieden hatte: *Was will ich? Was macht mich glücklich?* Langsam aber sicher begann sie, die

Schichten von "Sollte" und "Muss" abzulegen, die ihr auferlegt worden waren. Heute spricht Maya von einer neu gefundenen Leichtigkeit in ihrem Schritt. Sie malt, singt und sagt kompromisslos "Nein", wenn es sein muss. Die Verwandlung geschah nicht über Nacht, aber sie hat es ihr ermöglicht, in ein Leben einzutreten, das sich echt und erfüllend anfühlt.

Für viele erwachsene Kinder von Narzissten kann sich die Vorstellung, dein wahres Selbst zu umarmen, fremd, ja sogar beängstigend anfühlen. Als du aufgewachsen bist, hast du vielleicht gelernt, authentisch zu sein bedeutet, Ablehnung, Ablehnung oder sogar Spott zu riskieren. Vielleicht wurde dir beigebracht, dass deine Gefühle, Träume und Vorlieben keine Rolle spielten — oder schlimmer noch, dass sie "falsch" waren. Diese Konditionierung führt oft zu einem Leben, in dem man unterdrückt, wer man ist, um die Erwartungen anderer zu erfüllen. Das Ergebnis? Ein stilles, nagendes Gefühl, dass etwas nicht stimmt, ein anhaltender Schmerz, gesehen und geschätzt zu werden für das, was man wirklich ist.

Aber hier ist die Wahrheit: Dein authentisches Selbst anzunehmen ist nicht egoistisch — es ist revolutionär. Es ist eine Erklärung an die Welt, dass du dich nicht länger herabsetzen wirst, um in Formen zu passen, die andere für dich geschaffen haben. Es geht darum, deine

Identität zurückzugewinnen und in die Freiheit und Ermächtigung einzutreten, kompromisslos du selbst zu sein. Wenn du dir erlaubst, authentisch zu leben, erschließt du eine Quelle des inneren Friedens, der Kreativität und der Verbundenheit, die wahrscheinlich zu lange erstickt wurde.

Loslassen der Angst

Eines der größten Hindernisse, um dein wahres Selbst zu umarmen, ist die Angst vor Verurteilung oder Ablehnung. Es ist ganz natürlich, sich Sorgen darüber zu machen, wie andere reagieren könnten, wenn du aufhörst, die Person zu sein, die sie von dir erwarten. In Angst vor der Meinung anderer zu leben, ist jedoch wie ein Vogel zu sein, der seinen Käfig nie verlässt, selbst wenn die Tür weit offen steht. Wahre Freiheit entsteht, wenn du anfängst, deine eigene Anerkennung über die anderer zu stellen.

Fangen Sie klein an. Wenn du dich das nächste Mal dabei ertappst, wie du eine Meinung zurückhältst oder deine Vorlieben unterdrückst, um Konflikte zu vermeiden, halte inne und frage dich: *Was würde passieren, wenn ich jetzt ehrlich sprechen oder handeln würde?* Du wirst überrascht sein, wie oft die Konsequenzen, die du befürchtest, weit weniger dramatisch sind, als deine Vorstellungskraft vermuten lässt. Der Aufbau von Selbstakzeptanz braucht Zeit und

Übung, aber jeder kleine Schritt in Richtung Ehrlichkeit stärkt deine Widerstandsfähigkeit.

Die Kraft der Authentizität

Authentisch zu leben verändert nicht nur deine Beziehung zu dir selbst, sondern auch deine Verbindungen zu anderen. Wenn du dich als dein wahres Selbst zeigst, ziehst du Menschen an, die dich für das schätzen und respektieren, was du bist, und nicht für die Rollen, die du spielst oder die Masken, die du trägst. Authentizität schafft Raum für tiefere, bedeutungsvollere Beziehungen.

Darüber hinaus kann der Ausdruck Ihrer Individualität Ihr Leben mit mehr Sinn und Freude erfüllen. Sei es durch Kunst, Schreiben, Mode oder einfach durch die Art und Weise, wie du sprichst und dich durch die Welt bewegst, Selbstausdruck ermöglicht es dir, Teile von dir selbst anzuzapfen, die darauf gewartet haben, zu glänzen.

Praktische Schritte, um dein wahres Ich zu umarmen

Bereit zum Start? Hier sind ein paar Übungen, die dir helfen, dein authentisches Selbst zu erforschen und auszudrücken:

1. **Schreiben Sie Ihr persönliches Manifest:** Reflektieren Sie, was Ihnen am wichtigsten ist –

Ihre Werte, Leidenschaften und Träume. Erstellen Sie eine kurze Erklärung, wer Sie sind und wofür Sie stehen. Bewahre es an einem sichtbaren Ort auf, als tägliche Erinnerung daran, in Übereinstimmung mit deiner Wahrheit zu leben.

2. **Erstellen Sie ein Selbstporträt:** Dies muss keine buchstäbliche Zeichnung oder ein Gemälde sein (obwohl es sein kann!). Es könnte eine Collage aus Bildern, Wörtern und Symbolen sein, die Ihre wahre Identität repräsentieren. Verwenden Sie es als visuelle Bestätigung Ihres wahren Ichs.

3. **Probiere eine authentische Handlung pro Tag aus:** Verpflichte dich, jeden Tag eine Sache zu tun, die sich für dich richtig anfühlt. Es könnte sein, ein Outfit zu tragen, das du liebst, eine ehrliche Meinung zu teilen oder dir einfach zu erlauben, dich auszuruhen, wenn du müde bist.

4. **Reflektieren Sie Ihre Erfolge:** Notieren Sie sich jeden Abend einen Moment, in dem Sie an diesem Tag Ihr authentisches Selbst geehrt haben. Feiern Sie diese kleinen Siege – sie sind die Grundlage für dauerhafte Veränderungen.

Schlussfolgerung

Durch die Höhen und Tiefen des Lebens stark bleiben

Das Leben hat eine Art, uns zu überraschen, wenn wir es am wenigsten erwarten. Vielleicht fährst du zur Arbeit und summst dein Lieblingslied mit, als dich aus dem Nichts eine Welle von Selbstzweifeln trifft. Oder vielleicht, nachdem du dich monatelang stärker und selbstbewusster gefühlt hast, lässt dich ein einziges Gespräch mit deinen Eltern – oder sogar eine Erinnerung – in alte Schuldgefühle oder Unzulänglichkeit zurückfallen. Die Heilung von einer Kindheit, die von narzisstischer Erziehung geprägt ist,

ist oft so: unvorhersehbar, mit Momenten des Triumphs, die mit Rückschlägen verwoben sind.

Nehmen wir zum Beispiel Mias Geschichte. Nachdem sie ihre erste Grenze zu ihrer Mutter gesetzt hatte, fühlte sie einen ermächtigenden Ansturm der Erleichterung. Zum ersten Mal stellte sie ihre Bedürfnisse in den Vordergrund, ohne sich zu entschuldigen. Doch nur eine Woche später stellte Mia nach der kühlen Reaktion ihrer Mutter alles in Frage. "Habe ich überreagiert? War es egoistisch von mir?", fragte sie sich. Die vertraute Stimme der Selbstzweifel schlich sich wieder ein und gab ihr das Gefühl, als wäre all ihre harte Arbeit zunichte gemacht worden.

Wenn Ihnen das bekannt vorkommt, wissen Sie, dass Sie nicht allein sind. Momente wie diese bedeuten nicht, dass du versagst – sie sind Teil des Heilungsprozesses. Heilung ist kein geradliniger Weg mit einer klaren Ziellinie; Es ist eher eine kurvenreiche Straße. An manchen Tagen wirst du dich unaufhaltsam fühlen, und an anderen könntest du stolpern. Der Schlüssel liegt darin, zu lernen, wie man wieder aufsteht, sich den Staub abwischt und weitermacht.

In diesem Kapitel geht es darum, Ihnen zu helfen, auf diesem Weg standhaft zu bleiben. Wir werden erforschen, warum Heilung nicht linear verläuft und wie man Frieden mit den Ebbe und Flut des Fortschritts schließen kann. Du wirst praktische tägliche Praktiken entdecken, um emotionale Stärke und Widerstandsfähigkeit aufzubauen – Dinge wie Achtsamkeit, Tagebuchschreiben und das Erstellen gesunder Routinen, die für dich funktionieren. Wir werden auch darüber sprechen, wie wichtig es ist, unterstützende Gemeinschaften zu finden, sei es durch Therapien, Selbsthilfegruppen oder die Verbindung mit anderen, die Ihre Erfahrungen wirklich verstehen.

Vor allem aber wird Sie dieses Kapitel an eine Wahrheit erinnern: Rückschläge machen den Fortschritt nicht zunichte. Jedes Mal, wenn du dich entscheidest, weiterzumachen, auch nach einem anstrengenden Tag, beweist du deine Stärke. Bei der Heilung geht es nicht um Perfektion; Es geht um Durchhaltevermögen. Lassen Sie uns in die Tools und Strategien eintauchen, die Ihnen helfen, stark zu bleiben, egal was das Leben Ihnen in den Weg stellt.

Heilung verläuft nicht immer linear

Heilung wird oft als ein glatter Weg vorgestellt, ein stetiger Aufstieg in eine hellere Zukunft. Wir stellen uns eine gerade Linie vor, wobei jeder Schritt uns dem Frieden, der Ganzheit und der emotionalen Freiheit näher bringt. Aber für die meisten von uns sieht Heilung eher wie ein kurvenreicher Weg mit unerwarteten Wendungen, Unebenheiten und Umwegen aus. Es ist ein Prozess, der auf und ab geht, und manchmal fühlt es sich an, als würden wir zwei Schritte vorwärts und einen zurück machen. Und das ist in Ordnung. Es ist wichtig, sich daran zu erinnern, dass Heilung selten linear verläuft, und das ist völlig normal.

Vielleicht hast du Momente, in denen du das Gefühl hast, endlich Fortschritte zu machen – vielleicht hast du gelernt, gesündere Grenzen zu setzen, oder hast begonnen, Selbstmitgefühl anzunehmen. Dann, wie aus dem Nichts, taucht eine alte Wunde wieder auf, und plötzlich fühlst du dich wieder so wie vor Jahren – ängstlich, unzulänglich oder zutiefst frustriert. Es ist leicht, sich in diesen Momenten entmutigt zu fühlen, besonders wenn du dich bemüht hast, zu heilen. Aber diese Rückschläge sind keine Anzeichen dafür, dass Sie versagen. Sie sind Teil der Reise und können wesentliche Wachstumschancen bieten.

Stellen Sie sich das so vor, als würden Sie einen Berg besteigen. Es gibt Momente, in denen der Anstieg steil und schwierig ist, in denen man stolpern oder den Halt verlieren kann. Doch mit jedem Stolpern lernst du mehr darüber, wie du das Gleichgewicht hältst, wie du deinen Griff einstellst und wie du wieder auf die Beine kommst. Jede Herausforderung, der du dich auf diesem Weg stellst, stärkt dich nur und stärkt deine Widerstandsfähigkeit und deine Fähigkeit, mit dem umzugehen, was als nächstes kommt. Bei der Heilung, wie beim Bergsteigen, ist der Schlüssel nicht Perfektion, sondern Ausdauer.

Rückschläge können frustrierend sein, aber sie sind auch Lehrer. Wenn etwas eine tiefe emotionale Reaktion auslöst – wie eine unerwartete Konfrontation mit einem Familienmitglied, ein Moment, in dem ein altes Verhalten wieder auftaucht, oder eine Situation, die sich zu vertraut aus der Vergangenheit anfühlt – ist es leicht, diese Momente als Versagen zu interpretieren. Aber tatsächlich enthüllen sie ungelöste Teile von uns selbst, die noch Aufmerksamkeit und Fürsorge brauchen. Sie bieten die Möglichkeit, darüber nachzudenken, was diese Reaktion ausgelöst hat und warum, und bieten Einblicke in das verborgene emotionale Gepäck, das wir möglicherweise noch mit uns herumtragen.

Die psychologischen Gründe für Rückschläge sind oft vielschichtig. Unser Geist und unser Körper sind so verdrahtet, dass sie uns schützen, und manchmal bedeutet das, alte Überlebensmechanismen auszulösen, wenn wir mit Situationen konfrontiert werden, die uns an vergangene Traumata erinnern. Diese emotionalen Reaktionen sind in der Regel mit ungelösten Gefühlen verbunden – Trauer, Wut, Scham oder Angst –, die seit Jahren vergraben sind. Wenn diese Emotionen wieder auftauchen, ist das oft ein Zeichen dafür, dass sie bereit sind, verarbeitet, verstanden und geheilt zu werden.

Vielleicht fühlst du dich zum Beispiel in einer Situation überwältigt, die dich daran erinnert, wie dein narzisstischer Elternteil dich behandelt hat. Vielleicht verhält sich eine Person in deinem Leben auf eine Weise, die die gleichen Gefühle der Unzulänglichkeit oder Schuld auslöst, die du als Kind erlebt hast. Hier überschneiden sich deine Vergangenheit und deine Gegenwart, und die emotionale Reaktion ist wie ein Aufflackern, das signalisiert, dass es Arbeit zu tun gibt. Anstatt dies als Rückschlag zu betrachten, versuchen Sie, es als eine wertvolle Gelegenheit zu sehen, diesen alten Schmerz wieder aufleben zu lassen und ihn mit den Werkzeugen, die Sie auf dem Weg erworben haben, zu verarbeiten.

Es ist wichtig, sich daran zu erinnern, dass Rückschläge nicht gleichbedeutend mit Scheitern sind. Tatsächlich zeigen sie oft, wie weit Sie gekommen sind. Jedes Mal, wenn Sie einen Auslöser oder einen Moment des Rückschritts erleben, haben Sie die Möglichkeit, das Gelernte anzuwenden – dieses alte Muster zu erkennen, es in Frage zu stellen und eine gesündere Reaktion zu wählen. Jedes Mal, wenn Sie einen Rückschlag erleiden, stärken Sie Ihre emotionale Widerstandsfähigkeit. Bei der Heilung geht es nicht darum, Rückschläge zu vermeiden; Es geht darum, zu lernen, sie mit mehr Bewusstsein und mehr Mitgefühl für sich selbst zu bewältigen.

Wie können Sie also diese Rückschläge auf gesunde Weise verarbeiten? Beginnen Sie damit, sie ohne Urteil anzuerkennen. Es ist leicht, in die Falle zu tappen, sich selbst die Schuld zu geben, wenn die Dinge nicht wie geplant laufen, aber Selbstkritik wird deine emotionale Belastung nur noch erhöhen. Behandle dich stattdessen mit der gleichen Freundlichkeit und dem gleichen Verständnis, das du einem Freund entgegenbringen würdest, der eine schwere Zeit durchmacht. Erinnere dich daran, dass Heilung kein Wettlauf ist und es keine Frist gibt, um dich wieder ganz zu fühlen.

Hier ist eine reflektierende Übung, die dir hilft, Rückschläge auf deinem Heilungsweg zu bewältigen: **Journaling-Aufforderung:** Denke an einen kürzlichen Rückschlag oder emotionalen Auslöser, den du erlebt hast. Was ist in der Situation passiert? Wie haben Sie sich gefühlt? Gab es irgendwelche Gedanken oder Glaubenssätze, die hochkamen, die mit deinen vergangenen Erfahrungen verbunden sein könnten?

Schreibe darüber, wie du diesen Auslösern in Zukunft mit mehr Mitgefühl begegnen kannst. Welche Tools können Sie verwenden, um Ihre Reaktion zu ändern?

Wenn du über diese Erfahrungen nachdenkst, frage dich, ob es ein wiederkehrendes Muster in den Situationen gibt, die dich auslösen. Gibt es bestimmte Themen oder Emotionen, die immer wieder auftauchen? Indem du diese Muster identifizierst, kannst du anfangen zu verstehen, was noch Heilung braucht, und diese Bereiche in dein bewusstes Bewusstsein bringen. Dies ist ein wesentlicher Schritt, um den nichtlinearen Heilungsprozess zu durchlaufen – zu erkennen, wo die Arbeit noch benötigt wird, und sich ihr mit Neugier und nicht mit Selbstverurteilung zu nähern.

Tägliche Übungen für die emotionale Gesundheit

Wenn es darum geht, die Wunden der narzisstischen Erziehung zu heilen, ist es leicht, von der erforderlichen emotionalen Arbeit überwältigt zu werden. Der Prozess kann sich wie eine emotionale Achterbahnfahrt anfühlen, voller Höhen und Tiefen. Aber inmitten des Chaos ist eines der mächtigsten Werkzeuge, die Ihnen zur Verfügung stehen, die Fähigkeit, tägliche Gewohnheiten zu schaffen, die Ihre emotionale Gesundheit fördern. So wie die körperliche Gesundheit regelmäßige Bewegung, gute Ernährung und Ruhe erfordert, erfordert die emotionale Gesundheit konsequente Pflege und Aufmerksamkeit. Diese kleinen, einfachen Übungen – Achtsamkeit, Dankbarkeitstagebuch, körperliche Bewegung und die Aufrechterhaltung einer gesunden Routine – können während des Sturms als Anker dienen und Sie geerdet und emotional widerstandsfähig halten.

Eines der wichtigsten Dinge, die du erkennen solltest, wenn du voranschreitest, ist, dass emotionale Heilung nicht in einem Vakuum stattfindet. Es geht nicht um die großen Momente des Durchbruchs, sondern um die täglichen, bewussten Entscheidungen, die man trifft und die sich im Laufe der Zeit summieren. Genauso wie Sie nicht erwarten würden, einmal im Monat in Form zu kommen, können Sie keine emotionale Heilung erwarten, wenn Sie sich nur sporadisch anstrengen. Die Magie liegt in der Beständigkeit, darin, jeden Tag für sich selbst da zu sein, egal wie du dich fühlst oder was das Leben dir in den Weg stellt. Indem Sie der emotionalen Gesundheit Priorität einräumen, bauen Sie die Widerstandsfähigkeit und Stabilität auf, die Ihnen helfen können, den bevorstehenden Herausforderungen mit mehr Klarheit, Selbstvertrauen und innerem Frieden zu begegnen.

Achtsamkeit: Im Moment präsent bleiben

Eine der einfachsten, aber transformativsten Gewohnheiten, die Sie in Ihren Alltag integrieren können, ist Achtsamkeit. Einfach ausgedrückt bedeutet Achtsamkeit, voll und ganz im Moment präsent zu sein – sich auf deine Gedanken, Gefühle und deinen Körper einzustimmen, ohne zu urteilen. Für viele erwachsene Kinder von Narzissten kann es eine Herausforderung sein, im gegenwärtigen Moment zu sein. Vielleicht steckst du in der Vergangenheit fest, spielst schmerzhafte Erinnerungen ab oder machst dir Sorgen um die Zukunft. Aber Achtsamkeit ermöglicht es Ihnen, sich wieder mit dem Hier und Jetzt zu verbinden und den Kreislauf des Grübelns und der Angst zu durchbrechen, der oft von ungelösten Traumata herrührt.

Du musst keine Stunden für Achtsamkeitsübungen einplanen. Es kann so einfach sein, sich morgens oder vor dem Schlafengehen fünf Minuten Zeit zu nehmen, um sich auf Ihren Atem zu konzentrieren. Versuchen Sie Folgendes: Setzen Sie sich bequem hin, schließen Sie die Augen und atmen Sie tief ein, halten Sie ihn einige Sekunden lang an, bevor Sie ihn langsam loslassen. Achte auf alle Gedanken oder Gefühle, die aufkommen, aber versuche, dich nicht mit ihnen zu beschäftigen – beobachte sie einfach wie Wolken, die vorbeiziehen. Wenn du diese Übung täglich durchführst, kannst du ein emotionales Bewusstsein aufbauen und Raum zwischen deinen Gedanken und Reaktionen schaffen.

Beispiel aus der Praxis: Sarah, eine Frau Ende 30, die in einem narzisstischen Haushalt aufgewachsen ist, stellte fest, dass Achtsamkeit eines der hilfreichsten Werkzeuge ist, um ihre emotionalen Reaktionen zu bewältigen. Sie fing klein an und praktizierte Achtsamkeit in ihren Mittagspausen bei der Arbeit. Nach ein paar Wochen bemerkte sie, dass ihre Angstzustände deutlich abnahmen, und sie hatte mehr Kontrolle über ihre Reaktionen im Umgang mit anderen, insbesondere mit Familienmitgliedern, die sie immer noch auslösten. Achtsamkeit gab ihr den emotionalen Raum, den sie brauchte, um nachdenklich zu reagieren, anstatt impulsiv zu reagieren.

Dankbarkeitstagebuch: Den Fokus auf das Positive verlagern

Eine weitere unglaublich effektive tägliche Gewohnheit ist das Dankbarkeitstagebuch. Es ist leicht, sich auf das Negative zu konzentrieren, wenn du Jahre in einer narzisstischen Umgebung gelebt hast, aber wenn du deinen Fokus auf das verlagerst, wofür du dankbar bist, kann das eine tiefgreifende Veränderung in deinem emotionalen Zustand bewirken. Beim Dankbarkeitstagebuch nimmst du dir jeden Tag ein paar Minuten Zeit, um Dinge aufzuschreiben, für die du dankbar bist – große oder kleine. Es hilft, Ihr Gehirn neu zu trainieren, um das Positive zu suchen, selbst an schwierigen Tagen.

Der Schlüssel ist Beständigkeit. Es spielt keine Rolle, ob du jeden Tag drei oder zehn Dinge schreibst, solange du es dir zur Gewohnheit machst. An Tagen, an denen dein innerer Kritiker laut ist, dient das Dankbarkeitstagebuch als Erinnerung an das Gute in deinem Leben. Mit der Zeit wirst du bemerken, dass sich deine allgemeine Stimmung verbessert und du beginnst, die Welt durch eine ausgewogenere Linse zu sehen.

Praktischer Tipp: Versuchen Sie, spezifisch zu sein, wenn Sie in Ihr Dankbarkeitstagebuch schreiben. Anstatt einfach nur zu schreiben "Ich bin dankbar für meine Familie", könntest du schreiben: "Ich bin dankbar für die Unterstützung, die mir mein Freund heute gegeben hat, als ich mich überfordert fühlte." Diese Art von Detail bringt mehr Reichtum und Authentizität in Ihre Praxis.

Reflexionsübung: Wenn Sie noch nie ein Dankbarkeitsjournal geführt haben, fangen Sie klein an. Schreibe heute Abend, bevor du ins Bett gehst, drei Dinge auf, für die du dankbar bist. Sie können so einfach sein wie eine Tasse Kaffee am Morgen zu genießen oder ein freundliches Wort von einem Kollegen zu hören. Wenn Sie diese Praxis fortsetzen, beachten Sie, wie sich Ihre Sichtweise zu verändern beginnt.

Körperliche Bewegung: Nähren Sie Ihren Körper, heilen Sie Ihren Geist

Bei körperlicher Bewegung geht es nicht nur darum, Ihren Körper zu stärken, sondern spielt auch eine entscheidende Rolle bei der Aufrechterhaltung der emotionalen Gesundheit. Wenn wir Sport treiben, setzt unser Gehirn Endorphine frei – diese Wohlfühlchemikalien, die unsere Stimmung heben und Stress abbauen. Für Menschen, die sich von den emotionalen Folgen narzisstischer Erziehung erholen, kann Bewegung als Möglichkeit dienen, aufgestaute Emotionen und Frustration abzubauen. Es kann auch eine Möglichkeit sein, sich wieder mit deinem Körper zu verbinden, der sich in Jahren der emotionalen Vernachlässigung oder Manipulation vielleicht getrennt gefühlt hat.

Sie müssen kein Fitnessstudio-Enthusiast sein, um von körperlicher Bewegung zu profitieren. Egal, ob du spazieren gehst, Yoga praktizierst, tanzt oder dich zu Hause dehnst, der Schlüssel ist, Bewegung zu einem regelmäßigen Bestandteil deines Lebens zu machen. Finde eine Aktivität, die dir gut tut – etwas, auf das du dich freust, anstatt dich zu fürchten. Konsistenz ist wichtiger als Intensität. Ein 20-minütiger Spaziergang pro Tag ist weitaus effektiver als ein intensives Training pro Woche.

Beispiel aus der Praxis: Tom, ein Mann in den 40ern, der jahrelang versuchte, die emotionalen Turbulenzen seiner narzisstischen Erziehung zu bewältigen, stellte fest, dass tägliche Spaziergänge einen unglaublichen Einfluss auf seine psychische Gesundheit hatten. Die Spaziergänge halfen ihm nicht nur, den Kopf frei zu bekommen, sondern boten ihm auch eine friedliche Zeit, um über seine Gefühle nachzudenken. Schließlich bemerkte er, dass seine Angst abnahm und sich seine allgemeine Stimmung verbesserte.

Erstellen Sie Ihren persönlichen Tagesablauf

Das Geheimnis, um diese Gewohnheiten in Ihr Leben zu integrieren, besteht darin, sie zu einem nicht verhandelbaren Teil Ihrer täglichen Routine zu machen. In der Hektik des Lebens kann es leicht passieren, dass die Selbstfürsorge durch die Maschen rutscht. Aber je mehr Sie diesen emotionalen Gesundheitsgewohnheiten Priorität einräumen, desto natürlicher werden sie in Ihrem Tag verankert. Das Ziel ist nicht Perfektion, sondern Beständigkeit.

Praktischer Tipp: Nehmen Sie sich jeden Tag bestimmte Zeiten für Ihre emotionalen Gesundheitsübungen zur Verfügung. Vielleicht beginnst du deinen Tag mit fünf Minuten Achtsamkeit, machst eine Dankbarkeitspause während des Mittagessens und beendest deinen Tag mit einer kurzen Übungseinheit. Wenn Sie diese Praktiken zu einem Teil Ihrer Routine machen, beginnen Sie, eine Grundlage für emotionale Widerstandsfähigkeit aufzubauen, die den Höhen und Tiefen des Lebens standhalten kann.

Reflektierende Übung: Erstellen Sie einen Plan für Ihre tägliche Routine zur emotionalen Gesundheit. Welche Gewohnheiten finden bei Ihnen am meisten Anklang? Wie können Sie anfangen, sie in Ihren Tag zu integrieren, auch wenn es nur kleine Dinge sind?

Indem Sie sich diesen einfachen, aber wirkungsvollen Praktiken verpflichten, legen Sie den Grundstein für eine dauerhafte emotionale Heilung. Im Laufe der Zeit werden sie dir helfen, ein Gefühl von innerem Frieden, Klarheit und Stärke zu entwickeln, das dich durch die Herausforderungen des Lebens trägt. Der Weg, der vor Ihnen liegt, ist vielleicht nicht immer einfach, aber wenn Sie sich konsequent an Ihre täglichen Praktiken zur emotionalen Gesundheit halten, sind Sie besser gerüstet, um mit allem umzugehen, was auf Sie zukommt.

Finden Sie Ihre Mitarbeiter

Die Heilung von den Wunden der narzisstischen Erziehung ist eine zutiefst persönliche Reise, die sich oft isolierend anfühlt. Aber wenn du voranschreitest, ist es wichtig, dich daran zu erinnern: Du musst diesen Weg nicht alleine gehen. Es liegt eine unglaubliche Kraft darin, Ihre Mitarbeiter zu finden – diejenigen, die Sie verstehen, aufrichten und unterstützen, während Sie Ihr Leben zurückgewinnen und eine gesündere Zukunft aufbauen. Stellen Sie sich vor, wie stark es ist, von einer Gemeinschaft von Menschen umgeben zu sein, die es verstehen, die nicht nur ihr Einfühlungsvermögen bieten, sondern auch die praktische Ermutigung, die Sie brauchen, um weiterzumachen. Eine Frau, Emma, entdeckte dies, nachdem sie sich jahrelang getrennt und isoliert gefühlt hatte. Sie war mit einer narzisstischen Mutter aufgewachsen, die jede ihrer Bemühungen herabsetzte und sie dazu brachte, ihren Wert in Frage zu stellen. Emma verbrachte Jahre damit, zu denken, dass sie die einzige war, die mit den Nachwirkungen einer solchen Beziehung zu kämpfen hatte. Aber nachdem sie einer Online-Selbsthilfegruppe für erwachsene Kinder von Narzissten beigetreten war, war sie überwältigt von der Verbundenheit, die sie fühlte. Die Mitglieder der Gruppe tauschten Geschichten aus, boten Ressourcen an und gaben die Art von emotionaler Bestätigung, die Emma noch nie erlebt hatte. Mit der Zeit lernte sie, für sich selbst einzustehen, Grenzen zu setzen und Frieden in einer Gruppe zu finden, die sie wirklich verstand. Ihr Heilungsweg war nicht länger ein einsamer.

Das ist die Kraft von unterstützenden Gemeinschaften und Ressourcen. Diese Räume geben dir das Gefühl, gehört und bestätigt zu werden – etwas, wonach sich so viele erwachsene Kinder von Narzissten sehnen. Sich verstanden zu fühlen, ist nicht nur beruhigend; Es ist ein wichtiger Bestandteil Ihrer emotionalen Genesung. Wenn du mit dem Schmerz jahrelanger Entwertung zu kämpfen hast, kann es den Unterschied ausmachen, mit Menschen zusammen zu sein, die deinen Schmerz erkennen. Diese Verbindungen bieten emotionale Unterstützung, die Ihnen hilft, sich daran zu erinnern, dass Sie nicht allein sind. Die Bestätigung von anderen, die einen ähnlichen Weg gegangen sind, kann der Funke sein, der die Hoffnung in deinem Herzen entfacht und dich vorantreibt.

Es kann nicht genug betont werden, wie wichtig es ist, mit unterstützenden Einzelpersonen und Gruppen in Verbindung zu bleiben. Isolation ist oft ein Nebenprodukt von narzisstischem Missbrauch; Nach Jahren der emotionalen Manipulation und Vernachlässigung hast du vielleicht die Gewohnheit entwickelt, dich von anderen abzuschotten. Aber wirkliche Heilung findet statt, wenn du dich Menschen öffnest, die sicher sind – solche, die dir zuhören, ohne sie zu verurteilen, die dich ohne Bedingungen ermutigen und dich daran erinnern, dass deine Gefühle wichtig sind. Diese Beziehungen geben Ihnen ein Gefühl der Zugehörigkeit, das für den Wiederaufbau Ihres Selbstwertgefühls und Ihrer emotionalen Widerstandsfähigkeit entscheidend ist. Wenn du dir erlaubst, dich mit Menschen zu verbinden, die sich wirklich um dich kümmern, kann es sich anfühlen, als wäre dir eine Last von den Schultern genommen worden. Du wirst die Last deines Schmerzes nicht mehr alleine tragen.

Es ist nicht immer einfach, die richtigen Leute zu finden, die mit Ihnen gehen, aber es lohnt sich. Ob persönlich oder online, es gibt unzählige Orte, an denen Sie Gleichgesinnte finden können, die Ihre Probleme verstehen. Beginnen Sie damit, Gemeinschaften zu identifizieren, die sich auf die Heilung von narzisstischem Missbrauch konzentrieren. Es gibt Selbsthilfegruppen für erwachsene Kinder von Narzissten, die sich in vielen Städten persönlich treffen. Diese Gruppen bieten einen strukturierten Raum, in dem Sie Ihre Erfahrungen austauschen, die Geschichten anderer hören und Einblicke von einem geschulten Moderator gewinnen können. Wenn Ihnen keine persönlichen Optionen zur Verfügung stehen, sind Online-Communities eine fantastische Alternative. Es gibt zahlreiche Foren, Social-Media-Gruppen und virtuelle Treffen, die sich speziell an diejenigen richten, die sich von narzisstischen Familiendynamiken erholen. Das Internet hat den Zugang zu Gemeinschaften eröffnet, die Ihnen die Unterstützung bieten können, die Sie benötigen, egal wo Sie leben.

Achten Sie bei der Auswahl einer Community auf die Umgebung, in die Sie eintreten. Suchen Sie nach Räumen, in denen Empathie, Respekt und Vertraulichkeit im Vordergrund stehen. Ein sicherer, nährender Raum ist einer, in dem du nicht verurteilt oder aufgefordert wirst, "einfach darüber hinwegzukommen". Es ist ein Ort, an dem Verletzlichkeit mit Freundlichkeit begegnet wird und dein Schmerz geehrt wird. Achten Sie auch auf den Ton und die Regeln für das Engagement in Online-Foren. Wenn sich eine Gruppe toxisch oder abweisend fühlt, ist es in Ordnung, zu gehen und sich eine unterstützendere Gruppe zu suchen. Ihr Wohlbefinden steht an erster Stelle. Gib dich nicht mit Beziehungen oder Räumen zufrieden, die deine Heilungsreise nicht würdigen.

Neben der Suche nach Ihren Mitarbeitern ist es wichtig, die verschiedenen verfügbaren Ressourcen zu nutzen, die Ihnen auf Ihrem Weg helfen. Die Therapie ist eines der effektivsten Werkzeuge, um die emotionalen und psychologischen Auswirkungen narzisstischer Elternschaft zu verarbeiten. Ein erfahrener Therapeut, insbesondere einer, der Erfahrung mit narzisstischem Missbrauch oder Traumabewältigung hat, kann Ihnen helfen, Ihre Erfahrungen zu verarbeiten und gesunde Bewältigungsstrategien zu entwickeln. Wenn eine Therapie finanziell unerschwinglich ist, bieten viele Gemeinden kostengünstige Optionen, gestaffelte Gebühren oder sogar kostenlose Dienstleistungen an. Selbsthilfegruppen, sowohl persönlich als auch virtuell, vermitteln ein Gefühl der Solidarität und Anleitung, das von unschätzbarem Wert ist, wenn Sie die Komplexität Ihrer Emotionen und Ihren Heilungsprozess durcharbeiten. Neben Therapien und Selbsthilfegruppen gibt es unzählige Selbsthilfebücher, Podcasts und Online-Kurse, die speziell für Menschen entwickelt wurden, die sich von narzisstischem Missbrauch erholen. Diese Ressourcen bieten praktische Ratschläge und Einblicke, die Ihnen helfen können, Ihren Heilungsprozess mit Klarheit und Zuversicht zu steuern.

Nehmen Sie sich bei der Bewertung Ihres aktuellen Unterstützungsnetzwerks einen Moment Zeit, um über die Verbindungen nachzudenken, die Ihnen gute Dienste leisten. Gibt es Beziehungen, die dir Trost, Bestätigung und Ermutigung geben? Wer in deinem

Leben versteht deine Kämpfe wirklich und unterstützt deine Heilungsreise? Wenn du über deine aktuellen Beziehungen nachdenkst, kannst du auch Bereiche aufzeigen, in denen es dir vielleicht an Unterstützung mangelt. Vielleicht gibt es einen Teil von dir, der sich mit anderen verbinden muss, die ähnliche Erfahrungen gemacht haben. Vielleicht hast du dich zu sehr auf toxische Beziehungen gestützt, die deinen Fortschritt behindern. Verwenden Sie diese Reflexionen als Ausgangspunkt, um Änderungen vorzunehmen. Suchen Sie aktiv nach den Menschen und Räumen, die Ihnen helfen, zu wachsen.

Abschließende Reflexionsübung

Nehmen Sie sich einen Moment Zeit, um Ihr Unterstützungssystem zu bewerten. Auf wen in deinem Leben kannst du dich verlassen, wenn es um emotionale Bestätigung geht? Gibt es Beziehungen, die dich belasten oder dich daran hindern, zu heilen? Schreiben Sie die Namen von Personen oder Gruppen auf, mit denen Sie in Kontakt treten möchten, und erstellen Sie einen Plan, wie Sie Kontakt aufnehmen möchten. Überlegen Sie, welche Eigenschaften Sie in diesen Beziehungen benötigen – Empathie, Verständnis, Ermutigung – und verwenden Sie dies als Leitfaden für Ihre Suche.

Denke daran, Heilung ist kein Alleingang. Indem Sie Ihre Leute finden und die Ihnen zur Verfügung stehenden Ressourcen nutzen, können Sie sich mit der Liebe und Unterstützung umgeben, die notwendig ist, um diese Reise mit Kraft und Zuversicht zu meistern. Du verdienst eine Gemeinschaft, die dich aufrichtet, und mit etwas Geduld und Beharrlichkeit wirst du deinen Platz darin finden.